Berühmte Cabrios

Berühmte Cabrios

Motor
buch
Verlag

Die Originalausgabe ist erschienen unter dem Titel »Les Cabriolets«

Die Übertragung ins Deutsche besorgte Renate Daric

ISBN 3-613-01332-0

1. Auflage 1990

Ein Unternehmen der Paul Pietsch-Verlage GmbH & Co.

Satz: Vaihinger Satz und Druck, 7143 Vaihingen/Enz.
Printed in Italy.

Inhaltsverzeichnis

BALLOT 2 LT

Dieser Ballot 2 LT aus dem Jahr 1926 besitzt eine Karosserie von Lagache & Glaszmann. Beim einsitzigen Spider diente die Heckklappe auch als Schutz gegen Luftzug von hinten.

Das intelligenteste aller französischen Zwei-Liter-Automobile der 20er Jahre war der Sizaire-Frères, das schnellste der Georges-Irat, das sportlichste der Chenard, aber das schönste aller Autos war gewiß der Ballot.

Natürlich hatte der Ballot 2 LT (Zwei Liter Tourisme) nichts mit dem Achtzylinder-Rennwagen gleicher Herkunft gemein, die die Marke bis nach Indianapolis bekannt machten. Sogar von seinem Vorgänger 2 LS unterschied sich der Ballot grundsätzlich. Der 2 LS besaß zwei obenliegende Nockenwellen und eine auf Kugellager montierte Kurbelwelle. Der 2 LT konnte nur eine einzelne Nockenwelle und eine Kurbelwelle mit Gleitlagern vorweisen. Sogar in der Sportversion 2 LTS erreichte er nur 110 km/h. Allerdings waren die erreichten Geschwindigkeiten von 1925 doppelt soviel wert wie die heutigen.

ROLLS-ROYCE PHANTOM I

Das amerikanische Rolls-Royce-Werk in Springfield/ Massachusets sah sich Ende der 20er Jahre den gleichen Problemen gegenüber wie die Vertragshändler bekannter Marken heute, nämlich mit der Zurücknahme gebrauchter Autos.

Um ein neues Modell an den Mann zu bringen, mußte oft das alte in Zahlung genommen werden. Unglücklicherweise waren ein Coupé oder eine Limousine mit Trennwand als Gebrauchtwagen fast unverkäuflich. Für die guten Kunden war der Kauf eines Autos dieser Kategorien ebensowenig denkbar wie der Kauf eines bereits getragenen Anzugs. Die Kundschaft dieser alternden Monster war vor allem die junge, im Vergleich zur älteren weniger begüterte Generation.

Bis jemand in Springfield auf die Idee kam, diese Chassis mit gängigeren Karosserien systematisch neu einzukleiden.

So kam es, daß ein schmuckloser Silver-Ghost oder ein würdiger Phantom I mitsamt einigen gigantischen Ford A als Roadster eingekleidet und mit dem verpflichtenden Namen »Playboy« bedacht wurden.

Die von Rolls-Royce in Amerika gebauten Fahrwerke wurden Opfer einer unerwarteten Konkurrenz: Viele Kunden kauften aus Snobismus lieber in England gebaute Chassis, wie dieser Roadster Phantom I beweist: Seine Karosserie von Brewster ist typisch amerikanisch, aber Lenkrad und Schalthebel befinden sich rechts. Die amerikanischen Rolls-Fahrwerke besaßen Linkslenkung und den Schalthebel in Mittellage.

DELAGE D8 S

Es bedarf eines guten Sehvermögens, um das Kühlwasser-Thermometer vorn auf einem Delage D 8 abzulesen. Die Haube ist 1,80 m lang!

In Louis Delage lebten zwei gegensätzliche Persönlichkeiten: Auf der einen Seite gab es den eleganten Lebemann mit der Kamelie im Knopfloch, Stammgast bei Maxim's und im Foyer der Pariser Staatsoper, auf der anderen den rationellen Ingenieur, der nach der Devise lebte: »Nur eine Sache tun, aber diese richtig«.

1929 stellte Delage den D 8 vor, ein Modell, das für alle Zeiten DER Delage bleiben sollte. Wie sein Schöpfer, hatte auch der D 8 zwei Gesichter: Eins davon war das »Maxim's«-Gesicht, des Siegers der Schönheitswettbewerbe, der mit unnachahmlicher Eleganz die extravagantesten Hüllen zur Schau trug.

Das andere war das Gesicht technischen Fortschritts, das Gesicht des Ingenieurs, der ein konsequent durchdachtes und mit größter Sorgfalt gebautes Auto geschaffen hatte, bei dem die Detailpflege, die den Ruf der Firma begründet hatte, überall spürbar war.

Der Delage D 8 gehörte gleich und unbestritten der Kategorie der Nobelfahrzeuge an. Sein aristokratischer Charakter machte ihn u. a. einem Hispano-Suiza ebenbürtig. Dabei war der Delage, der nur den vierten Teil seines spanischen Rivalen kostete, nicht teurer als z. B. ein Achtzylinder-Modell der Marke Renault.

Hatte Louis Delage ein Fabrikationsgeheimnis? Wohl kaum, denn 1935 meldete er Konkurs an.

Aber hätte er nach dem D 8 überhaupt ein noch besseres Auto bauen können?

Die Karosserie dieses D 8 S (Spéciale) Baujahr 1930 stammt von Fernandez & Darrin. Diese Version hatte einen kürzeren Rahmen als das Basismodell D 8 N (Normale). Ihr 4-Liter-Reihen-Achtzylinder leistete im D 8 S 120 PS (gegen 105 PS im D 8 N). Mit ihm war der Spéciale 140 km/h schnell. Der D 8 N konnte sich mit den Hispano messen, während der D 8 S schon zur Kategorie der Bugatti gehörte.

ROLLS-ROYCE PHANTOM II

Mit dem 1929 eingeführten Phantom II hatte die Firma Rolls-Royce endlich die übermächtige Erinnerung an den Silver Ghost ausgelöscht.

Die Marke Rolls-Royce entstand aus der Begegnung zweier gegensätzlicher Persönlichkeiten: Charles Stewart Rolls, eines dilettantischen, aber sportlichen Lords und Henry Royce, eines unbeirrbar nach Perfektion strebenden Mechanikers.

C. S. Rolls kam bereits 1910 beim Pilotieren seines Wright-Doppeldeckers ums Leben. Danach waren die R. R. nur noch »Royce«-Fabrikate.

Allerdings schien es, als stattete das Phantom des jungen Lord dem Werk von Zeit zu Zeit einen Besuch ab, denn in bestimmten Abständen machte sich bei Rolls-Royce das Bedürfnis bemerkbar, eine sportliche Version ins Leben zu rufen. Das war z. B. 1911 beim Silver Ghost »London-Edimburg«, beim 3,5-l-Bentley von 1933 oder auch beim Bentley »Cintinental« im Jahr 1951 der Fall.

Einer der Geisterbesuche fand 1929 statt und hatte das Erscheinen des Phantom II Continental zur Folge. Damit führte R. R. erstmals seit Kriegsende ein Modell ein, das dem Konzept nach auch von seinem Eigentümer gefahren werden konnte.

Vollkommenheit hat für die Firma Rolls-Royce nur ein einziges Gesicht: Der Unterschied zwischen dem Continental und dem Standardmodell liegt vor allem im Namen: Der Continental zeichnet sich nur durch eine geneigter montierte Lenksäule, einen kürzeren Rahmen und das »längste« Getriebe des Katalogs aus.

Im Grunde ging es darum, den Karosseriebauern klar zu machen, was man von ihnen erwartete. Wie ein perfekter Butler brauchte der Phantom II nur die Hülle zu wechseln, um eine andere Persönlichkeit anzunehmen. Es bedurfte nur einer etwas leichteren und sportlicheren Karosse, um im 140 km/h-Tempo die Riviera zu erreichen.

Der Motor mit seinen beiden Dreizylinderreihen und einem gemeinsamen Zylinderkopf war unverändert vom Vorgänger Phantom I übernommen worden. Das Chassis stammte dagegen von dem des »Baby Rolls«-20-HP Baujahr 1922 ab. Die würdevoll aussehende Cabrio-Karosserie im Postkutschenstil mit Lederverdeck ist die einzige bekannte Kreation des Londoner Herstellers Fountain's Autocarriage.

PACKARD TWELVE

Ende des Jahres 1940 brachte Cadillac den Typ 51 heraus, ein Modell, das die Marke dank seines V8-Motors die Vorrangstellung gesichert hatte.

Dieser Triumph dauerte genau sechs Monate. Schon im April nächsten Jahres bot Packard seinen Kunden den Twin Six an, den ersten Serien-V12 der Welt...

Cadillac brütete fünfzehn Jahre über seine Revanche. Schließlich erschien 1929 ein V6, auf den sechs Monate später ein V12 folgte.

Die Firma Packard, die sich während der gleichen Zeitspanne auf Reihen-Achtzylinder beschränkt hatte, steckte den Schlag wortlos ein, reagierte aber Anfang 1932 mit der Einführung eines ebenfalls Twin Six genannten V12. Damit war bewiesen, daß Packard seinen Rivalen in nichts nachstand.

Packard war bis Kriegsausbruch die Prestigemarke in Amerika. Während die Rivalen Lincoln und Cadillac von Ford und GM mit großem Aufwand unter finanziellen Einbußen angeboten wurden, arbeitete die Firma Packard als einziger Hersteller von Luxusautomobilien während der Rezession mit Gewinn. Der 1932 mit einem 7,4-l-V12 eingeführte »Twin Six« wurde im folgenden Jahr »Twelve« genannt. Bis 1939 entstanden 4844 Exemplare. Dieser Roadster Baujahr 1934 war das preisgünstigste Modell der Baureihe mit Werkskarosserien, die zwischen 3650 und 7950 Dollar kosteten.

CH
N. J.
PZX-740
GARDEN STATE

PANHARD 6 CS

Die ehrwürdige Firma Panhard war eine der ersten, die sich im Jahr 1910 auf das System Knight umstellte und eine der letzten, die noch 1946 auf der Ausstellung in Paris ihre ventillosen Modelle neben den ersten »Dyna« vorführte.

Bei diesem 1905 vom Amerikaner Charles Yale Knight patentierten Steuerungssystem wurden die Ventile durch Gleitbüchsen ersetzt, die innerhalb des Zylinders im Gegentakt arbeiteten. Je nach Position der an genau berechneten Stellen in den beiden Hülsen angebrachten Öffnungen strömte Frischgas ein und Abgas aus. Dieses kunstvolle System hatte den Vorteil, nahezu geräuschlos und absolut störungsfrei zu arbeiten und führte außerdem zu einer idealen Brennraumform.

Panhard stattete alle Modelle bis 1939 zur allgemeinen Zufriedenheit mit dem ventillosen Hülsenschieber-Motor aus. Die Panhard waren für ihre Haltbarkeit und hervorragenden Fahrleistungen bekannt, die sie vor allem ihren im Vergleich zu den gußeisernen Hülsenschiebern der anderen Konstrukteure den leichteren Bauteilen aus Lagermetall verdankten. Diese Gleithülsen waren so dünn, daß die Firma empfahl, sie bis zum Einbau senkrecht zu lagern, damit sie sich nicht unter ihrem eigenen Gewicht verbogen.

Mit 2,3 Litern Hubraum war der 6 CS das kleinste Modell der Panhard-Baureihe 1934. Im gleichen Jahr bot die Firma ihren Kunden eine Vorrichtung an, die beim Absinken des Öldrucks automatisch die Zündung ausschaltete sowie eine automatische, druckabhängige Kupplung. Die respektable Firma war ebenfalls von der Manie zur Verspieltheit erfaßt worden, die drei Jahre später im denkwürdigen »Dynamic« gipfelte.

MERCEDES-BENZ 500 K

Die Höchstgeschwindigkeit des 500 K betrug mit Kompressor 160 km/h, sank aber ohne das Hilfsaggregat auf 130 km/h ab.

Nach den Typen K, SS und SSK der 20er Jahre wirkten die Mercedes 380 K, 500 K und 540 K der 30er Jahre wie eine Operette von Franz Léhar nach einer Oper von Wagner. Auf brutal-aggressive, bombastische Automobile folgten geräuschlose, kultivierte und komfortable Modelle. Die Motorhaube war immer noch halb so lang wie der Radstand. Die Kotflügel wölbten sich zu beiden Seiten wie der Umhang Draculas beim Sprung auf seine Opfer, und die Auspuffrohre ragten unverändert leistungsverheißend unter den geteilten Stoßstangen hervor. Nach der Sturm- und Drangzeit kündigte sich die Biedermeier-Epoche an.

Dem äußeren Anschein nach blieb jedoch alles beim alten. Der senkrechte Kühlergrill, der wie der Bug eines Schiffes aussah, bestand wie immer aus schmalen, zusammengeschweißten 5x5-mm-Chromstreben, und der Kompressor trat immer noch auf die gleiche theatralische Weise buchstäblich auf den letzten Drücker in Aktion, wenn mit aller Kraft das Gaspedal betätigt wurde.

Aber der Sechszylinder mit obenliegender Nokkenwelle des Dr. Ing. (n. c.) Porsche war durch einen Achtzylinder mit Kipphebelmechanismus ersetzt worden, der nicht mehr und nicht weniger leistete als der eines Buick, nämlich je nach Version 90, 120 oder 140 PS (120, 160 oder 180 PS mit Kompressor).

Am fortschrittlichsten war jedoch das Rohrrahmen-Chassis mit Einzelradaufhängung und Schraubenfedern.

Dekadent oder nicht, der Mercedes mit Kompressor der 30er Jahr gehörte zu den eindrucksvollsten Automobilen. Die Werkskarosserien hatten ihre Hemmungen der 20er Jahre verloren, wie dieses 1935 im Mercedes-Werk in Sindelfingen karossierte Cabriolet 500 K beweist. Allerdings hatte die spektakuläre, großzügig dimensionierte Karosserie ihre Schattenseiten: Das Gesamtgewicht betrug fast drei Tonnen.

3829 DK 93

DELAHAYE 135 MS

Die drei Solex-Vergaser sind ein Kennzeichen des Delahaye 135 MS, der leistungsstarken Version der Tourenmodelle vom Typ 135.

Was war 1934 bloß mit Delahaye los? Bislang schien die Marke von der Schlafkrankheit befallen zu sein.

Wie es scheint, war es Ettore Bugatti, der Charles Weiffenbach, Direktor der Firma Delahaye, die Augen öffnete. Das war mit eigenen ironischen Bemerkungen über das trübselig-einfallslose Äußere der Modelle geschehen und mit dem Zusatz, daß Delahaye besser daran täte, Sportwagen zu bauen, wie er, Bugatti, selbst.

Wahrscheinlich hätte Ettore damals besser den Mund gehalten, denn Weiffenbach nahm die Kritik ernst, und machte ihm mit seinen Modellen in der Folge mehr als einen Kunden abspenstig.

1938 stellte Delahaye auf dem Pariser Salon einen »18 HP Superluxe« vor, der sich als »Type 135« schnell einen Namen machte und zum gefährlichen Gegner des Bugatti 57 wurde. Im Grunde hatte Delahaye genau die umgekehrte Entwicklung durchgemacht wie Bugatti. Anstatt ein Vollblut mit einer passenden Hülle zu versehen, hatte das Werk einem Ackergaul eine Leistungsspritze versetzt: Der Motor des 135 MS unterschied sich nur wenig von den Triebwerken, die Delahaye zum gleichen Zeitpunkt in seine Lastwagen einbaute. Es handelte sich um einen braven 3,5 l großen Sechszylinder mit seitlichen, über Stößel und Kipphebel betätigten Ventilen. Aber bald erhielt der Motor einen wertvollen Verbündeten in Form des hervorragenden elektromagnetischen Cotal-Getriebes, das viel dazu beitrug, die Schwächen des Sechszylinders auszubügeln.

Ein anderer Umstand wirkte sich ebenfalls günstig auf die Firma aus: Es traf sich, daß die Modernisierungsbemühungen mit einer neuen Blütezeit im französischen Karosseriebau zusammenfielen. Die Karosseriebauer rissen sich um die Chassis Typ 135 und kleideten sie mit Hüllen ein, von denen die eine kühner und betörender war als die andere.

Aber damit gab sich Delahaye nicht zufrieden. Die Firma startete gleichzeitig eine Offensive im Rennbetrieb. Vier Jahre nach den sarkastischen Bemerkungen Ettores schnappte Delahaye seinem Rivalen Bugatti den Gewinn von einer Million Francs vor der Nase weg.

Der Karossier Chapron kleidete die Baureihe 135 während der gesamten Produktionsdauer des Modells, d. h. von 1936 bis 1950, mit bemerkenswerter stilistischer Einheitlichkeit ein. Nur die Kotflügel wölbten sich im Laufe der Jahre stärker über den Rädern und zeigten ausgeprägtere Konturen. Ansonsten blieb das Modell fünfzehn Jahre lang quasi unverändert. Wieso die hier gezeigte Version von 1936 mit einem gewölbten Nachkriegs-Kühlergrill und dem GFA-Markenschild ausgestattet ist, bleibt jedoch unerklärlich.

ROLLS-ROYCE TWENTY

Die Scheinwerfer besitzen zwar nicht die passende Größe, aber die hochherrschaftliche Erscheinung des Rolls ist über jede Kritik erhaben.

Ein Rolls ist und bleibt ein Rolls – mit seinem unvergänglichen Kühlergrill und einer Mechanik, der die Zeit nichts anhaben kann.

In den 30er Jahren hatte sich daher in England ein ganzer Industriezweig entwickelt, dessen Ziel es war, die altmodischen Rolls zu verjüngen.

Bei Southern Motor in Clapham oder bei Comptom in Sydenham wurden die Rolls im Zeitgeschmack neu eingekleidet, wie zum Beispiel ein Typ 20 HP oder ein zehn Jahre alter Phantom I, der mit 100 000 Meilen gerade eben eingefahren und noch zu schade war, um als Abschleppwagen oder »estate car« zum alten Eisen geworfen zu werden.

Die Zulieferfirmen waren nicht etwa unbekannte, an der Grenze der Legalität agierende Autobastler, sondern anerkannte und wohlhabende Spezialisten.

Zehn Jahre nach seiner Einführung waren ein 20 HP oder ein Phantom I nur noch ein paar hundert Pfund wert, d. h. knapp den zwanzigsten Teil des Neupreises. Bei der Instandsetzung wurden Rahmen und Fahrwerk gänzlich überholt, moderne Räder kamen an die Stelle der Drahtspeichenräder oder der Wulstfelgen. Die niedrigen Kühler wurden durch den Kühler eines Typs 20/25 oder eines Phantom II ersetzt, die den modernen Karosserien besser angepaßt waren. Dann wurde die gesamte elektrische Anlage erneuert und alle vernickelten Teile durch Chromteile ersetzt.

Schließlich verlieh der Karossier dem Ganzen eine modische Hülle. So entstanden Coupés oder Cabriolets mit Verbindungsteilen an den Flankenunterseiten zwischen den vorderen und hinteren Kotflügeln und einem im Aufbau integrierten Kofferraum. Ein derart wiederhergestelltes Modell kostete selten mehr als 500 Pfund, während ein neuer, von einem namhaften Karrossier eingekleideter Rolls nicht unter 3000 Pfund zu haben war.

Wer würde glauben, daß die Basis dieses eleganten Cabriolets aus dem Jahr 1925 stammt? Das überarbeitete und modernisierte Chassis war 1938 von »Southern Cross« im modischen Zeitgeschmack neu eingekleidet worden. Das geschah »in allen Ehren«, wie es im Werbetext hieß, aber »der Schwindel mit den Rolls« war vor und nach dem Krieg bei skrupellosen Wiederverkäufern allgemein üblich. Man verkaufte naiven Ausländern oder unwissenden Kleinstädtern zum Höchstpreis frisch eingekleidete Fahrwerke älteren Ursprungs als moderne Rolls-Royce.

FORD V8 78

Wenn man einen Namen trägt, der zum Wortschatz von zehn Millionen Amerikanern gehört, die eher den Namen ihres Präsidenten als den ihres Autos vergessen würden, gerät man in Versuchung, sich für unfehlbar zu halten.

In den 30er Jahren war Henry Ford beim guten alten Typ T verblieben. Der von seinem irischen Bauernvorfahren geerbte gesunde Menschenverstand hatte ihn ein für allemal gelehrt, daß ein Auto unbeschadet Schlaglöcher durchqueren soll und auch auf Bauernhöfen leicht zu manövrieren sein muß, selbst wenn es immer weniger Schlaglöcher und Bauernhöfe gibt.

Ford wollte unkomplizierte, kurze und solide Autos, das hieß gleichzeitig leichte Autos. Die Ford besaßen den kürzesten Radstand der gesamten amerikanischen Automobilindustrie und brachten zwischen 100 und 200 kg weniger auf die Waage als ihre Rivalen. Von ihrem kräftigen V8 angetrieben (den Henry natürlich auch unkompliziert, kurz und solide gebaut hatte), ließen sie beim Ampelstart die Chevrolet und Plymouth weit hinter sich.

Dieses Ford-Cabriolet Typ 78 mit V8-Motor wurde 1937 für 858 Dollar verkauft. Die dem zur Ford-Gruppe gehörenden Lincoln Zephyr von 1935 nachempfundenen Modelle des Jahres 1937 waren besonders gut gelungen. Die V8-Versionen der Marke erlangten in den 30er Jahren wegen ihrer rasanten Beschleunigungen Berühmtheit. Das lag weniger an der ziemlich durchschnittlichen Motorleistung (85 PS), sondern an ihrem niedrigen Gesamtgewicht. Trotzdem wurde der Name Ford bei der amerikanischen Jugend zum Symbol für Hochleistung: Der V8 aus Dearborn diente der »Hot-rod«-Generation, d. h. der hochfrisierten Serienmotoren, als Basis.

PEUGEOT 402 L

Mit dem Ford Fairline Skyliner Baujahr 1957 kam Disneyland bis vor die Haustür: Ein Druck auf den Knopf genügte, und das Hardtop schwenkte auf Gelenkarmen in die Höhe, beschrieb einen vollkommenen Halbkreis, bevor es im Kofferraum landete, der sich über ihm schloß wie das Maul eines Wals über einem Rettungsboot.

Der Ford-Modellkatalog war ein Stück Anthologie: »Ford stellt ihnen das erste versenkbare Hardtop der Welt vor, den Prototyp einer neuen Automobilgeneration.« Dabei war die Idee nicht neu, denn Peugeot hatte sie bereits vor 20 Jahren in der gleichen Form verwirklicht. Aber auch der Peugeot 402 hatte schon Bekanntschaft mit der anderen Seite des Atlantiks gemacht, denn seine Karosserie, genannt Sochaux-Spindel (Stadt der Peugeot-Werke), war sichtlich dem Chrysler Air Flow nachempfunden.

Der 402, das »elektrisch verwandelbare Coupé«, machte bald einem »mechanisch verstellbaren Coach mit Blechverdeck« Platz. Es war das gleiche Auto, aber der für die Batterie nur schwer zu verkraftende elektrische Motor war durch ein mechanisches Bedienungssystem ersetzt worden. Wie aus diesem Foto hervorgeht, sind beide Modelle leicht an ihrer Windschutzscheibe zu erkennen, die beim Coupé geteilt und beim Coach ungeteilt ist.

Von diesem »Metall-Cabrio« der Firma Peugeot entstanden ab 1936 etwa 100 Exemplare. Das Modell war nach einer Idee des wenig bekannten, genialen Georges Paulin entstanden, von dem auch der 402 Darl'Mat stammte. Dieser talentierte, seit dem Krieg verschollene schöpferische Geist war eigentlich Zahnarzt von Beruf. Auch der besonders strömungsgünstig eingekleidete Bentley Walter Sleators ist ihm zu verdanken. Die Firma Peugeot war so begeistert, daß sie Paulin mit dem Entwurf des Prototyps »Corniche« beauftragte.

HISPANO-SUIZA K6

Es heißt, daß große Künstler im Grunde immer nur sich selbst verwirklichen. Demnach wäre der Hispano-Suiza K6 also ein aus dem Jahr 1935 stammendes Selbstporträt des zwar in seinem Ruhm leicht verblaßten, aber immer noch weitblickenden Marc Birkigt.

Damals hatte Birkigt aufgehört, sich für Automobile oder sogar für Flugzeugmotoren zu interessieren. Er widmete sich ausschließlich dem Studium automatischer Waffen, ein Gebiet, auf dem Mechanik an Uhrmacherkunst grenzt. Trotz allem vergaß er nicht, daß der prachtvolle Typ J 12 zu teuer war, und daß der kleine Junior nicht den erhofften Erfolg erzielte. Daher hörte Birkigt auf den Rat der Verkaufsabteilung und entwarf ein neues Modell.

Der 1919 eingeführte H6 war seiner Zeit um gut 15 Jahre voraus gewesen, und der K6 war im Grunde immer noch ein H6, aber keine modernisierte Version, sondern eine eher dem Zeitgeschmack angepaßte Variante. Der Unterschied zwischen einem H6 und einem K6 ist etwa der gleiche wie der zwischen einem holzverkleideten Torpedo des Karossiers Labourdette und einem Cabriolet von Kellner.

Der Hispano-Suiza K6 wurde von 1935 bis 1937 in einer Kleinserie von 204 Exemplaren gebaut. Der einzige Unterschied zu seinem Vorgänger H6 war der Motor mit abnehmbarem Zylinderkopf und über Stößel und Kipphebel betätigten Ventilen. Alle anderen Teile wie Bremsen, Aufhängung, Fahrwerk etc. waren direkt vom 32 CV aus dem Jahr 1919 übernommen worden. Man kann die ruhige Stimme des Ingenieurs Mark Birkigt geradezu hören: Einzeln aufgehängte Hinterräder? Nur mit einer Starrachse gibt es eine direkte und präzise Lenkung. Hydraulische Bremsen? Die mechanische Bremshilfe der Marke steht noch immer konkurrenzlos da, 1935 wie 1919. Ein Hochleistungsmotor? Ein großer Motor mit niedrigem Drehzahlniveau ist für ein Luxusauto völlig ausreichend. Ein neues Modell? Wozu? Der Hispano ist und bleibt der König der Straße.

HORCH 853 A

Die vier verschlungenen Kreise sind das Markenzeichen der Gruppe Auto Union. Nach dem Krieg waren sie das Symbol von DKW, heute ist es das von Audi.

August Horch war ein schwieriger Mensch. Immerhin besaß er Humor. Im Jahr 1909 verließ er urplötzlich die Firma, die er selbst aufgebaut hatte und gründete eine neue direkt daneben. Da er ihr nicht gut ein zweites Mal seinen Namen geben konnte, übersetzte er ihn in Latein, und das gab... Audi.

1932 machten Horch und Audi (der jähzornige Horch war schon seit 1920 nicht mehr in der neuen Firma) zusammen mit DKW und Wanderer gemeinsame Sache. Daraus ging die Gruppe »Auto Union« mit dem Markensymbol vier ineinander verschlungener Ringe hervor. Horch übernahm den Bau der Luxusautos. Bis zum Kriegsausbruch brachte die Marke einen verwirrende Zahl von Modellen heraus, die entweder mit einem V 8 mit seitlichem Ventiltrieb oder mit einer der zahlreichen Varianten des von Fritz Fiedler entworfenen Reihen-Achtzylinders mit Kopfsteuerung ausgestattet waren. Es existierte sogar ein V 12, von dem 100 Exemplare gebaut wurden.

Die Horch-Modelle wirkten vornehm, ohne die leicht arrogante Note der Mercedes. Sie besaßen eine gewisse Ähnlichkeit mit den prestigereichen Maybach, und verfügten wie jene über einen Schnellgang für jede Schaltstufe. Die deutschen Karosseriebauer schufen immer schwergewichtige Hüllen und es bedurfte schon der acht Gänge, um die massigen Kreationen Spohns oder Weinbergers auf den brandneuen Autobahnen des »dritten Reiches« auf ein akzeptables Tempo zu bringen. Das schnellste und seltenste Horch-Exemplar war der 858, ein 150 km/h schneller Roadster mit Kurzchassis, den Hitler seiner Begleiterin Eva Braun zum Geschenk machte.

Das Cabriolet Horch Typ 853 A wurde 1938 eingeführt. Sein Motor war eine 5-Liter-Version (87 x 104 mm) des von Fritz Fiedler entworfenen Reihen-Achtzylinders. Die Qualitäten der Horch-Modelle waren auch hier vollzählig vorhanden: Niedriges Geräuschniveau, Komfort, sorgfältige Detailpflege. Allerdings zeigte das Cabriolet auch die gleiche Schwäche: Ein zu hohes Gewicht für die Motorleistung, d. h. 2650 kg, die von 120 PS vorwärtsbewegt werden mußten. In den 30er Jahren wurden im Horch-Modellkatalog etwa 20 Modelle angeboten, aber die jährliche Gesamtproduktion überstieg selten 1000 Exemplare.

CITROËN 11 B

Der Citroën-Fronttriebler hatte vom Onkel aus Amerika geerbt: Seine mittragende Verbundkarosserie stammte von der Firma Budd, Pionier auf dem Gebiet der Ganzstahlkarosserien.

In der Citroën-Produktion der 30er Jahre wirkten die Frontantriebsmodelle wie urplötzlich vom Himmel gefallene Meteoriten. Beim Anblick der Vorgänger wird dem Betrachter jedoch klar, warum André Citroën das Bedürfnis hatte, mit der Vergangenheit zu brechen und neu anzufangen. Dabei glichen die Fronttriebler allen nach 1923 gebauten Citroën in einem Punkt: Sie waren in enger Zusammenarbeit mit der amerikanischen Firma Budd entstanden, die die Ganzstahlkarosserien eingeführt hatte.

So war die identische und spektakuläre Werbekampagne kein Zufall, die anläßlich der Einführung des Citroën-Frontantriebsmodells und des Chrysler Airflow – der beiden großen Neuheiten des Jahres 1934 – auf beiden Seiten des Atlantiks stattfand: Beide fabrikneuen Autos wurden als Beweis ihrer Widerstandsfähigkeit von einem hohen Felsen gestürzt.

Bei den Airflow und Citroën-Fronttrieblern waren die gleichen Patente der Firma Budd zum Einsatz gekommen. Die fest verbundene Einheit von Fahrwerk und Aufbau war als »selbsttragende« Karosserie die letzte technische Neuheit, die André Citroën nach der Fließbandmontage, der Ganzstahlkarosserie und dem frei aufgehängten Motor aus den Vereinigten Staaten mitgebracht hatte. Es ist sogar möglich, daß er sich die Idee des Frontantriebs von dort herholte. Ein Chronist der Firma Budd vertrat nämlich die Ansicht, daß ein Prototyp Budd der wahre Stammvater des revolutionären Citroën war.

Der Frontantrieb war damals tatsächlich Mode in den USA. Nach der Einführung der Miller-Rennwagen, der Cord L 129 und der Ruxton zeigten zahlreiche Konstrukteure Interesse für die neue Antriebsweise. Das Citroën-Modell besaß jedenfalls zwei ganz persönliche Merkmale: Seinen von Maurice Sainturat entwickelten Motor und seine vom genialen Flaminio Bertone entworfene Karosserie, die sich durch zwei avantgardistische Neuerungen auszeichnete: Durch den in die Karosserie integrierten Kofferraum und seine nicht mehr abgesetzten, sondern mit der Front verbundenen vorderen Kotflügel, eine Idee, die Bertone sich vielleicht beim Lancia Lambda geholt hatte, dem ersten Serienauto mit selbsttragender Karosserie.

Aus diesem Blickwinkel ist die Verwandtschaft des Cabriolets mit einigen amerikanischen Roadstern, wie dem Jordan Speedaway Ace von 1931, deutlich erkennbar. Einen Unterschied gab es allerdings, nämlich die mit der Karosserie verbundenen Kotflügel, die auf den Modellen der vorhergehenden Seiten noch teilweise vom Rumpf getrennt sind. 1934 war es der erste Schritt zur Integral-Karosserie. Die Entwicklung schritt dann schnell voran und im französischen Karosseriestil gab es eine neue Blütezeit. Dieses Modell von 1938 wirkte neben den zeitgenössischen Schöpfungen von Figoni & Falaschi bereits etwas veraltet.

BUGATTI 57 S

Das Instrumentenbrett des Bugatti-Cabriolets von 1937 ist so spartanisch wie eine Industriezeichnung. Rechts die beiden bei Bugatti traditionellen Hebel für Zünd- und Gemischregelung.

Im Jahr 1933 überkam Bugatti das Bedürfnis – wie viele andere Konstrukteure Anfang der 30er Jahre – mit der vergangenen Produktion reinen Tisch zu machen und sein Modellprogramm auf einer neuen Basis aufzubauen.

Diese Basis war der 1933 eingeführte Typ 57, der auf der Ausstellung sofort gefiel, weil es ein schnelles Auto mit großer Laufkultur, niedrigem Geräuschniveau und dem Fahrverhalten eines echten Bugatti war. Alle diese Qualitäten besaß das neue Modell, und sogar noch einige mehr, außer einer einzigen: Es war kein Sportwagen. Aber dieser Mangel war – wie vorauszusehen – nur von kurzer Dauer, denn sonst wäre Bugatti nicht Bugatti gewesen. 1935 stellte der Molsheimer Konstrukteur unter der Typenbezeichnung »Aérolithe« ein ungewöhnlich profiliertes Coupé vor, dessen Karosserieteile sichtbar vernietet waren. Das Auto sah wie ein über und über mit Pusteln bedeckter Waran von Komodo aus. Bald bewies der Aérolithe in Montelhéry mit einem Stundendurchschnitt von 192 km/h, daß er kein bloßes Ausstellungsstück war.

Das Jahr 1936 war für das kleine Molsheimer Bugatti-Imperium ein zweites 1789: Die streikenden Arbeiter verweigerten dem Chef den Zutritt zu seiner Fabrik. Darauf überließ der gekränkte Bugatti die Leitung der Firma seinem Sohn Jean und ging seit jener Zeit in seinen Pariser Werkstätten nur noch seinen zahlreichen Marotten nach. Mit der Ausstellung im Jahr 1936 machte der 57 S auch sein offizielles Debüt im Bugatti-Katalog. Dabei wurde klar, daß mehr dahinter steckte als eine verkürzte Neuausgabe des Typ 57.

Für einen oberflächlichen Beobachter ist der 57 S leicht an seinem hohen, anti-aerodynamischen Kühlergrill, seiner niedrigen Motorhaube und an seiner kompakten Erscheinung zu erkennen. Der Eigentümer kennt aber einen weiteren wichtigen Unterschied: Der Bugatti 57 Sport kostete doppelt so viel wie das Basismodell. Warum? Weil das Chassis mit seinen durch die Hinterachse hindurchführenden Längsträgern eine Neukonstruktion war. Um den Motor tiefer einbauen zu können und damit einen niedrigeren Schwerpunkt zu erreichen, besaß der Sport, wie die Rennversion 59, Trockensumpf-Schmierung. Die Zweischeibenkupplung, Magnetzündung, die »De Ram«-Stoßdämpfer und die geteilte Vorderachse (drehfest bei Biegebewegungen, unabhängig bei Drehbewegungen) wichen ebenfalls vom Standardmodell ab.

Mehrere Fahrwerke 57 S wurden vom britischen Karossier Corsica eingekleidet. Bei diesen Cabriolets aus dem Jahr 1937 hatte das Werks-Coupé Atalante als Vorbild gedient. Das war auch gut so, denn einige der originellen Corsica-Schöpfungen hätten besser auf Alvis- oder Bentley-Fahrwerke gepaßt. Die im Heck zusammenlaufenden Kotflügel gehörten zu den Stileffekten Jean Bugattis. Insgesamt waren 30 Exemplare des 57 S entstanden.

Nach diesen Vorbemerkungen bleibt noch das Wesentliche zu sagen, nämlich daß der 57 S ein sensationelles Auto war, das im Jahr 1936 genausoviel leistete, wie der Jaguar XK 120 mit dem gleichen Hubraum zehn Jahre später. Am bemerkenswertesten war die unkomplizierte Bauweise des Modells (eine wohldurchdachte Unkompliziertheit, versteht sich), wenn man an die ausgeklügelte Technik der zeitgenössischen Rivalen Mercedes 540 K oder Alfa Romeo 2900 denkt, die wenn nicht mit schlechteren, so doch auch nicht mit besseren Leistungen aufwarteten.

Der 57 S war ein ausgewogen konzipierter Sportwagen, dessen Hochleistungscharakter kein Ausnahmezustand für besondere Gelegenheiten darstellte (damals, im Jahre 1936, ebenso wie heute eine nicht seltene Tatsache), sondern seiner natürlichen Funktion entsprach. Der Bugatti 57 S registrierte damals die höchste effektive Geschwindigkeit aller Modelle der internationalen Automobilindustrie.

Der Sportversion fehlte es an Komfort des Basismodells 57, das zwar die gleichen hart abgestimmten Stoßdämpfer besaß, bei dessen langem Radstand die Passagierzelle aber im ruhigeren Schwingungszentrum, d. h. in der Mitte zwischen den beiden Achsen zu liegen kam. Im 57 S dagegen hatte der Passagier sozusagen hautnahen Kontakt mit der Straße, wie bei den Vorläufern der 20er Jahre. Unter den Werkskarosserien befanden sich mehrere Meisterwerke Jean Bugattis. Sogar der Atalante entging dank der kompakten Abmessungen seines Chassis 57 S der Verwechslung mit dem Pontiac- oder Chrysler-Coupés (zumindest schräg von hinten gesehen), was mit dem Standard-Chassis 57 nicht möglich war. Das ungewöhnlichste Modell war und blieb das Coupé Atlantik, eine in drei Exemplaren angefertigte Kopie des Ausstellungs-Aérolithe 1935, die ursprünglich bis in den Dachaufbau reichende Türen erhalten sollten.

Ein 57 S siegte 1937 in den 24 Stunden von Le Mans mit einer fast unveränderten Serienmechanik, aber als profilierte offene Sportbarketta im Nachkriegsstil karossiert.

Die Produktion des 57 S lief langsam aus und Bugatti entwickelte den 57 C, eine Kompressorversion des Basis-57, die genausoviel zu leisten versprach wie die Sportversion, aber in der Herstellung billiger war.

Der Typ 57 wurde weiterentwickelt, erhielt hydraulisch wirkende Bremsen, einen frei aufgehängten Motor, Teleskop-Stoßdämpfer und sogar ein Cotal-Automatikgetriebe. Der 57 paßte sich dem Zeitgeschmack an, während der 57 S in die Legende einging.

Dieser 57 S hatte, wie viele andere Exemplare dieses Typs, später im Werk einen Kompressor 57 C und die neue Typenbezeichnung 57 SC erhalten. Allerdings verwendete das Werk diese Bezeichnung nie offiziell, weil die Produktion des 57 S Anfang 1937, noch vor Einführung des 57 C, eingestellt wurde. Mit dem Kompressor stieg die Leistung auf 180 PS und die Spitzengeschwindigkeit näherte sich der magischen 200-km/h-Grenze.

Beim 57 S war das klassische Bugatti-Markenschild senkrecht am oberen Rand des anti-aerodynamischen Kühlergrills angebracht.

TALBOT-LAGO T 150 SS

In den 30er Jahren gehörte der Talbot T150 zusammen mit den Bugatti 57 und Delahaye 135 zum Trio der großen französischen Tourenwagen.

Talbot ist ein Name normannischen Ursprungs. Ein Gefährte Wilhelms des Eroberers hieß Talbot, und einer seiner Nachfahren wurde 1903 Importeur der Automobile Clément für England. Anfangs führte er die Automobile unter dem Namen Clément-Talbot ein, später hießen sie nur noch Talbot. Die Marke nahm einen derartigen Aufschwung, daß sie 1919 die französische Firma Darracq erwarb und sich danach Talbot-Darracq nannte, d. h. – um dem Snobismus Rechnung zu tragen – Talbot in Frankreich und Darracq in England.

Zu Beginn der 30er Jahre baute Talbot in seiner Fabrik in Suresnes Autos von gutbürgerlichem Status, aber mit ihrem hohen, schmalbrüstigen Kühlergrill wenig ansprechenden Karosserien. Damals gehörte Talbot zur britischen Firmengruppe STD (Sunbeam-Talbot-Darracq), die einen neuen Direktor nach Frankreich delegierte, um die Firma aus ihrer Lethargie aufzurütteln.

Antonio Lago, so hieß der neue Direktor, war 1893 in Venedig geboren und studierte in Mailand. Nach dem Krieg, den er mit dem Grad eines Majors beendete, ging er nach England und wurde Vertreter für die Marke Isotta-Fraschini, später für Wilson-Getriebe mit selektiver Automatik. Für jedermann war er nur noch Antony Lago. Dann schickte ihn die STD nach Frankreich, wo er sich fortan Antoine Lago nannte. Böse Zungen behaupten, daß er sich während des zweiten Weltkriegs im Hinblick auf die Achsenmächte wieder Antonio nennen ließ und schließlich wegen der eleganten anglizistischen Note wieder auf Antony zurückgriff.

Wie dem auch sei, ohne »Major« Lago (nach britischer Gepflogenheit hatte er den Militärgrad auch im Zivilleben beibehalten) wäre die Geschichte der Firma Talbot/Frankreich bereits 1934 zu Ende gewesen. Kurz nach seinem Amtsantritt kauften die Brüder Roots die Gruppe STD, fest entschlossen, die französische Filiale aufzulösen. Das aber war nicht im Sinne des frisch ernannten Direktors, der bei den Banken die nötigen Kredite erwirkte, um die Firma unabhängig zu machen und seiner alleinigen Leitung zu unterstellen. Dann unternahm er eine konsequente Neuorganisation der alten Firma und brachte 1934 bereits ein neues Modell mit der Typenbezeichnung T 150 heraus. Es besaß noch den kipphebelbetätigten Sechszylinder, seit 1925 der größte Trumpf der Firma, der aber neuerdings von einem Zylinderkopf mit Halbkugel-Brennräumen des Ingenieurs

Dieser von Figoni & Falaschi karossierte Talbot T150SS aus dem Jahr 1938 war ein »Remake« des berühmten, vom gleichen Karossier eingekleideten Delahaye 135, der 1936 auf der Ausstellung in Paris vorgeführt worden war. Die großdimensionierten Kotflügel in Wassertropfenform, die Zweitonlackierung, die originelle Flanken-Zierleiste und eine Profilkante in der Mitte des Kofferraums gehörten zu den charakteristischen Stileffekten. Die Idee zu diesem Entwurf wird der Zusammenarbeit Orazio Figonis mit dem Illustrator Geo Ham zugeschrieben. Aus diesem Blickwinkel zeigt sich, was das Modell den damaligen Rekordflugzeugen verdankt.

Orazio Figoni gehörte zu den ersten Karosseriebauern, die alle vier Räder vollständig verkleideten.

Walter Becchia gekrönt war. Becchia war intelligent genug gewesen, sich mit einer einzigen Nockenwelle und Seitensteuerung der in V-Form angeordneten Ventile zu begnügen.

1934 erschienen, als sei ihr Auftauchen geplant und effektvoll in Szene gesetzt worden, der Bugatti 57 und der Delahaye 135 auf dem Markt. Die Konfrontation der drei Rivalen, sowohl auf den Rennstrecken als auf Schönheitswettbewerben, hielt das Publikum bis Ausbruch des Krieges in Atem.

Mit dem bald auf vier Liter aufgebohrten Talbot-Sechszylinder, der drei Vergaser erhalten hatte und 140 PS leistete, erreichte der T 150 SS (»Super Sport«) eine Spitzengeschwindigkeit von 180 km/h. Antonio Lago leitete davon ein 165-PS-Rennmodell ab, das sich mehrfach den Werks-Bugatti und Delahaye gewachsen zeigte. In Le Mans war der neue Talbot regelmäßig unterlegen, nahm aber 1937 seine Revanche beim GP des ACF (Automobile Club de France) und beim GP von Comminges im Jahr 1939.

Aber der Major hatte noch ein grandioses Projekt auf Lager: Einen GP-Renn-Einsitzer. Allerdings wurde der brillante Sechszylinder, von dem er geträumt hatte, nie verwirklicht. Wer oder was trieb also schließlich den Einsitzer an? Sie haben es erraten: Der treue Sechszylinder trat wieder einmal mit immerhin 250 PS in Dienst. Auch das Chassis war fast unverändert von der Sportversion T 150 SS übernommen worden und hatte lediglich eine Rennkarosserie mit einem zur Mitte hin verschobenen Pilotensitz erhalten.

Trotz allem machte sich der Grand Prix-Talbot vor – oder besser hinter – seinen doppelt so starken Rivalen Mercedes und Auto-Union nicht lächerlich. Wenn sich die germanischen Vollblüter zur Genüge abgekämpft hatten, konnte sich der Talbot mehr als einmal einen Ehrenplatz sichern.

Ein Touren-Sportwagen, Stammvater eines Grand Prix-Rennwagens: Der Talbot Super Sport hatte erstaunliche Ressourcen!

Die Position der in die Kotflügelspitzen integrierten Scheinwerfer – wahrscheinlich den Landescheinwerfern der Flugzeuge nachempfunden – war trotz des Beispiels der amerikanischen Pierce-Arrow oder der Cord 810 eine kühne Neuerung der Firma Figoni & Falaschi. Meistens brachte die Firma die Scheinwerfer jedoch in klassischer geschützter Position neben dem Kühlergrill an. Der Grill im »Fechtmasken«-Motiv amerikanischen Ursprungs war bis in die 60er Jahre bei den Jaguar zu sehen. Das kleine Schild auf der Haubenspitze zeigt, daß dieses Exemplar zuerst an einen Engländer verkauft wurde.

LAGONDA LG 6

Im Jahr 1935 blies Walter Owen Bentley, Gründer der Marke Bentley, bei Rolls-Royce Trübsal. Die britische Firma hatte ihn mitsamt aller Werksanlagen gekauft, als sein eigenes Unternehmen Pleite machte. Dann bot ihm einer seiner Freunde den Posten eines technischen Direktors bei Lagonda an, einer Firma, um deren Sanierung sich eben dieser Freund bemühte.

In jenem Jahr hätte Lagonda theoretisch von der Bildfläche verschwinden müssen. Das Werk war geschlossen, der Konkurs angemeldet, als ein unerwarteter Sieg der Marke in Le Mans das Interesse der Anleger wieder weckte. Ein Londoner Jurist nahm die Sache in die Hand und rief W. O. Bentley zu Hilfe.

W. O. ließ sich nicht lange bitten. Zuerst unterzog er den vorhandenen M 45 einigen Modifikationen, nach denen sich der Lagonda LG 45 nannte. Bentley wollte Zeit gewinnen, um ein ganz neues Modell zu entwickeln, das – dazu war er fest entschlossen – ein Meisterwerk werden sollte. Um beim Motor anzufangen: Bentley hatte einen Hochleistungs-V 12 geplant!

Der neue Lagonda-V 12 debütierte 1937 und erregte überall Bewunderung. Bald jedoch wurde Kritik laut. Das Konzept des V 12-Motors z. B. war ungeheuer kompliziert und W. O., der vor allem ein hochtouriges Triebwerk schaffen wollte, hatte darüber das Drehmoment im niedrigen Drehzahlbereich vernachlässigt. So kam es, daß die Marke im folgenden Jahr fast unbemerkt den LG 6 herausbrachte, der zwar das LG-V 12-Chassis besaß, aber mit dem guten alten Meadows-Sechszylinder des LG 45 ausgestattet war.

Einige Kunden vertraten sogar die Meinung, zumindest wenn W. O. Bentley sie nicht hörte, daß der LG 6 im Endeffekt doch der beste Lagonda war.

Auf den Steuergehäusedeckeln steht zwar Lagonda, aber der Motor des Lagonda LG 6 stammte von Meadows. Vorher hatte er den Invicta angetrieben.
Der Lagonda LG 6 Baujahr 1938 war die Reaktion auf die Zurückhaltung, mit der die Kundschaft den im Vorjahr präsentierten, revolutionären V 12 begrüßt hatte. Es war das gleiche Chassis, in dem aber der herkömmliche Meadows-Sechszylinder, der seit 1934 alle Lagonda antrieb, den von W. O. Bentley entworfenen, komplizierten und teuren V 12 ersetzt hatte. Der Hubraum betrug bei beiden Modellen 4,5 Liter. Allerdings entwickelte der Meadows nur 150 PS und erreichte schon bei 4000/min sein höchstes Drehzahlniveau, während der brillante V 12 mit 180 PS und 5500 Umdrehungen aufwartete. Dagegen war der LG 6 leichter und erzielte daher vergleichbare Fahrleistungen, kostete aber 300 Pfund weniger (etwa 1200 Pfund gegen 1500 Pfund für den Lagonda V 12). Der vom V 12 unverändert übernommenen Karosserie fehlte es nicht an Eleganz, wie dieses Cabriolet von 1938 beweist. Im Instrumentenbrett auf der nächsten Doppelseite drückt sich der unverkennbare Charakter dieses britischen Talbot-Lago aus.

RETARDED
IGNITION
ADVANCED
CLOSED
THROTTLE
OPEN

DELAHAYE 165

Man kann die Betriebsamkeit, die Ende der 30er Jahre in Frankreich auf dem Sektor der Hochleistungs-Automobile herrschte, mit dem Ideenreichtum der italienischen Automobilindustrie Ende der 60er Jahre vergleichen. Die Troika Talbot-Delahaye-Bugatti war bereits ein Vorgeschmack auf das italienische Trio Maserati-Ferrari-Lamborghini, das dreißig Jahre später in den Blickpunkt der Öffentlichkeit rückte.

Die Dynamik der Konstrukteure regte die Kreativität der Karosseriebauer an. Wie Lamborghini hatte auch Delahaye seinen Bertone, nämlich den Italiener Orazio Figoni.

Die Verbindung Delahaye-Figoni führte zum Typ 135, der 1936 auf der Ausstellung in Paris vorgeführt wurde. Es war eine wahrhaft revolutionäre Schöpfung, die den französischen Karosseriestil bis zum Ende der Zusammenarbeit beider Genies beeinflussen sollte.

Nach ihrem Miura entwickelten Delahaye und Figoni den Countach, der auf diesen Seiten zu sehen ist. Es handelt sich um den Prototyp 165 der Pariser Ausstellung des Jahres 1938. Figoni hatte den Entwurf für den Miura (von dem der Talbot auf den Seiten 47-51, eine Nachahmung des Miura, eine

Die Zusammenarbeit der Firmen Delahaye und Figoni & Falaschi hatte zu zwei im Abstand von zwei Jahren herausgebrachten Meisterwerken geführt: 1936 zum Ausstellungsmodell 135 (der Talbot auf den vorhergehenden Seiten ist eine Kopie dieses Prototyps), und 1936 zum Typ 165, der hier zu sehen ist und zum Höhepunkt der Pariser Ausstellung wurde. Die beiden revolutionären Schöpfungen prägten den französischen Karosseriestil auf positive wie auf weniger positive Weise bis zum Beginn der 50er Jahre.

1954JK92

Das Instrumentenbrett des von Figoni eingekleideten Delahaye 165 ist klassischer als die Karosserie. Aus dem Schalter des hervorragenden Cotal-Getriebes, ursprünglich ein Handschalthebel, wurde später ein Miniatur-Schalthebel nach dem Vorbild des amerikanischen Cord 810.

ziemlich genaue Vorstellung gibt) noch konsequenter weiterentwickelt. Dabei schien der neueste Delahaye 165 Baujahr 1938 auf den ersten Blick weniger revolutionär als der zwei Jahre früher herausgebrachte Typ 135. Die Scheinwerfer hatten wieder ihren angestammten Platz rechts und links neben dem Kühlergrill eingenommen, und die 1936 einfach weggelassenen Trittbretter tauchten 1983 wieder auf.

Diesmal schien sich Figoni die Inspiration eher aus der Seefahrt als aus der Luftfahrt geholt zu haben: Die Kotflügel wölbten sich wie Wellenkämme, deren Bewegung von den verchromten Zierleisten wie von Gischtstreifen betont wurden.

Wenn man jedoch die Karosserie mit etwas gutem Willen betrachtet, wird die Absicht Figonis deutlich: Die Karosserie sollte einen Eindruck der Luftwirbel und Strömungen vermitteln, die ein fahrendes Auto erzeugt (etwa wie der berühmte Gordon Bennett-Pokal). Die leicht abgeschrägten Trittbretter waren dabei nur ein Hilfsmittel, um die im Profil erkennbare, fortlaufende Wellenbewegung der Kotflügel zu verdeutlichen. Das war unbestreitbar gelungen, diente aber in der Folge als Alibi für Auswüchse gleichen Stils.

Figoni baute vor und nach dem Krieg mehrere Kopien seines Ausstellungs-Prototyps 165, unter denen sich ein berühmtes Exemplar auf Bugatti 57-C-Chassis für den Schah von Persien befand. Wie bereits festgestellt, war der Delahaye 165 die Tourenversion des ein Jahr zuvor eingeführten Grand Prix-145 mit V 12-Motor. Aber aller Chronologie zum Trotz schien die Entwicklung umgekehrt vor sich gegangen zu sein: Nicht der echte Tourenwagen, sondern der V 12-Rennwagen 145 sah aus wie eine frisierte Tourenversion.

Auch hier war Delahaye wieder vorsichtig vorgegangen. Das Chassis stammte vom Typ 135 ab und sein 4,5-l-großer V 12 mit seitlichen Nockenwellen und Kipphebelmechanismus für den Ventiltrieb war von herkömmlichem Aufbau. Als Antriebsaggregat für den 165 war seine Leistung von den 220-240 PS des 145-Rennwagens auf 160 PS reduziert worden.

Das Ende der Geschichte gleicht der des Lagonda V 12: Man bemerkte, daß der neue Delahaye kaum mehr leistete als ein frisierter Typ 135, aber gleichzeitig schwerer war. Deshalb konnte auch kein Leistungsgewinn seinen viel höheren Kaufpreis rechtfertigen.

Delahaye war klug genug, die Herstellung des Lagonda V 12 abzubrechen. Mit den vorhandenen Teilen hatten insgesamt fünf Chassis zusammengebaut werden können.

Bei diesem Delahaye 165 von 1938, des zweiten Meisterwerks Orazio Figonis der 30er Jahre, hatte der Stilist wieder ein Trittbrett geschaffen, das er bei seinem berühmten, 1936 auf der Ausstellung in Paris vorgeführten Delahaye 135 aufgegeben hatte. Hier diente es allerdings nur als Stilelement, nämlich als Verbindung zwischen den Wölbungen der vorderen und hinteren Kotflügel. Diesmal hatte sich Figoni die Idee eher vom Wasser als aus der Luft geholt. Die Kotflügel bäumen sich wie Wellenkämme, von den Chromteilen wie von Schaumstreifen gekrönt...

CHRYSLER TOWN & COUNTRY

Der Kühlergrill des Chrysler 1948 sieht aus wie eine Riesen-Mundharmonika.

Wenn in England auf den riesigen privaten Landgütern das herrschaftliche Automobil in Ungnade gefallen war, verkaufte man es nicht etwa zu einem Spottpreis, sondern es wurde dem natürlich auch zum Gut gehörenden Tischler übergeben. Dieser fertigte eine Karosserie aus Holz an, die mit einer Lackschicht überzogen wurde und wie ein halber Eisenbahnwagen aussah. Dann trat es wieder den zwar bescheideneren, aber immer noch hochherrschaftlichen Dienst als eine Art landwirtschaftlicher Kleintransporter an, »estate-car« genannt.

Die Idee, vom Snobismus tatkräftig unterstützt, überquerte den Atlantik und bürgerte sich Ende der 30er Jahre in den USA ein. Vor dem Krieg führten Ford, später Chrysler sogenannte »station-wagons« mit Holzkarosserie in ihren Modellkatalogen. Mit steigender Zahl begüterter amerikanischer Familien, die von den Stadtbezirken aufs Land zogen, breitete sich auch die Mode der station-wagons aus.

Nach Kriegsende kam bei Chrysler jemand auf die ausgefallene Idee, nach diesem Konzept eine ganze Baureihe zu entwickeln. So entstanden Limousinen, Coupés und sogar Cabriolets mit Karosserien, die zur Hälfte aus Holz, zur Hälfte aus Stahlblech bestanden. Diese Modelle wurden »Town & Country« getauft und brachten eine Spur von Extravaganz in die nüchterne Chrysler-Produktion der 40er Jahre. Damals stand die Firma unter der Leitung des tyrannischen K. T. Keller, der seit dem denkwürdigen Fiasko mit dem Vorkriegs-Airflow allen Neuheiten aus dem Wege ging.

Die von 1946-1948 gebauten Versionen der Chrysler Town & Country – allen voran das Cabriolet – gehören heute zu den gefragtesten Modellen der Baureihe. Die Verbindungsteile sind aus Eschenholz, aber die Platten selbst bestehen aus einer auf Blechteile geklebten, »Di-Noc« genannten Holzimitation. Das Werk warb mit der Feststellung, das Auto habe »Stil und Eleganz einer Yacht« und empfahl, »die Wartung mehr vom nautischen, als vom automobilistischen Standpunkt aus zu betrachten«, denn die Holzteile mußten halbjährlich frisch lackiert werden. Die Vorfahren der Chrysler Town & Country waren die »station wagons« von 1941. Nach kurzer stilistischer Dekadenz wurde die Produktion 1950 eingestellt.

McDonald's
DRIVE-THRU

JAGUAR MARK V

Vor dem Krieg hatte die Marke SS (Swallow Sport) unter dem Namen Jaguar eine ziemlich gelungene Imitation des 4,25-l-Bentley herausgebracht. Nach dem Krieg tauchte der SS Jaguar mit unveränderter Karosserie Baujahr 1939 wieder auf, nur nannte er sich jetzt Jaguar 3,5 Liter.

Aber trotz allem begann die Raubkatze aus Coventry, sich zu wandeln; allerdings nicht ohne einen Prankenhieb in Richtung Bentley: Das anfangs mit dem SS erworbene, etwas fragwürdige Marken-Image sollte einer ganz neuen Idee weichen. Jaguar war eine eigenständige, achtbare Marke geworden und wollte das beweisen.

1948 entwickelte Jaguar ein neuartiges Modell, das der Star der ersten britischen Automobil-Ausstellung nach dem Krieg werden sollte. Das Chassis stand bereit. Der Motor, ein schöner Sechszylinder mit zwei obenliegenden Nockenwellen, ebenfalls. Die Ganzstahlkarosserie hatte man bei einem Spezialisten, der Pressed Steel Co., in Auftrag gegeben. Der neue Jaguar sollte Mark VII heißen, weil er als Rivale des Bentley Mark VI gedacht war.

Aber das schöne Projekt wurde auf einmal in Frage gestellt. Die Pressed Steel Company konnte ihren Verpflichtungen nicht nachkommen. William Lyons, Leiter der Firma, reagierte mit seiner sprichwörtlichen Energie und traf unverzüglich zwei Entscheidungen: Um sich trotzdem die Titelseiten der Presse zu sichern, sollte das Chassis Mark VII mit einer spektakulären Sportkarosserie eingekleidet werden (schnell gebaut und nicht teuer). Außerdem sollte – um der Kundschaft trotzdem etwas Neues anzubieten – in das gleiche Chassis serienmäßig ein 3,5-l-Motor eingebaut und das Ganze mit einer zweiten, diskret modernisierten Karosserie eingekleidet werden.

Gesagt, getan: Aus dem Sportwagen wurde der XK 120, aus dem zweiten Modell der Jaguar Mark V (wieder mit einem Seitenblick auf Bentley).

Verständlicherweise wurde der Jaguar Mark V von dem 1948 auf der Ausstellung in London vorgeführten XK 120 in den Schatten gestellt. Trotzdem überbrückte der Mark V erfolgreich die Wartezeit bis zum Erscheinen des Mark VII im Jahre 1951. Der Mark V unterschied sich von seinem 3,5-l-Vorgänger durch seine integrierten Scheinwerfer, seine Scheibenräder und seine hinteren Radabdeckungen. Das Chassis war bereits das des künftigen Mark VII, mit Einzelradaufhängung vorne und hydraulischen Bremsen.

STUDEBAKER CHAMPION

Nach dem Krieg gewann Studebaker eine Länge Vorsprung vor den Giganten aus Detroit, indem gleich im Frühjahr 1946 ein Modell für die Saison 1947 vorgestellt wurde, das auch in die Saison 1950 gepaßt hätte.

Es war eine Kreation des Stilstudios Raymond Loewy, vor allem seines Stilisten Virgil Exner, der anschließend bei Chrysler Karriere machte und dort die Flossen-Mode lancierte.

1950 brauchte das Studio Loewy nur die Front im Stil der Science Fiction-Comics neu zu entwerfen, damit die Karosserie Baujahr 1946 ihr modernes Erscheinungsbild behielt. Diesmal war Ford dem Rivalen Studebaker in punkto stilistische Neuheiten jedoch zuvorgekommen: Bei den Modellen der Saison 1949 ragte inmitten eines konvexen runden Kühlergrills ein Zierteil in Form einer Granatenspitze hervor, eine Idee, die einem ehemaligen Stilisten des Studios Loewy zu verdanken war!

Diese Cabrio-Version des Studebaker Champion stammt aus dem Jahr 1951. Der Karosserieentwurf von 1946 war bis auf die 1950 modifizierte Front unverändert geblieben. Auch den Reihen-Sechszylinder, dessen Ursprünge in das Jahr 1927 zurückreichen, hatte man wieder eingesetzt. Seit Beginn des Jahres 1951 wurde der Commander, Topmodell der Baureihe, mit einem neuentwickelten V8 ausgestattet, mit dem Studebaker wenigstens vorübergehend der unerbittlichen Konkurrenz der Giganten aus Detroit standhielt.

236 BRG 75

ASTON MARTIN DB 2

Nach dem Krieg war der Aston-Martin-Firmenkatalog auf ein einziges Modell zusammengeschrumpft, das – wie es häufig vorkommt – Gutes und weniger Gutes in sich vereinte: Einen banalen Vierzylinder mit Kipphebelmechanismus und einen interessanten Rohrrahmen; eine originelle Vorderradaufhängung, aber eine etwas pausbäckige Karosserie, mit der es wie ein Hamster aussah. Der Modellname war DB 1, nach den Initialen David Browns, des neuen Herrn und Meisters der Firma Aston-Martin.

1949 präparierte die Firma mehrere mit strömungsgünstigen Berlinetta-Karosserien eingekleidete DB 1 für die Teilnahme in Le Mans. In letzter Minute kam David Brown, wie es Vorgesetzte gerne tun, noch mit Sonderwünschen: Er wollte eines der Exemplare mit einem Lagonda-Motor ausstatten, eine Marke, die er gerade gekauft hatte.

Es handelte sich dabei um einen schönen Sechszylinder mit zwei obenliegenden Nockenwellen, den W. O. Bentley als Nachfolger seines mißlungenen Meisterwerks, des V 12 Lagonda aus dem Jahre 1937, entworfen hatte. Es war gerade noch Zeit, den Motor einzubauen, bevor die Aston-Martin nach Le Mans abtransportiert wurden. Dort zeigte das Versuchsexemplar gleich am Anfang Überhitzungserscheinungen und mußte noch vor Ablauf der ersten Stunde aus dem Rennen gezogen werden. Aber das war schließlich nicht wichtig, allein zählte, daß bei dieser Gelegenheit der Aston-Martin DB 2 ins Leben gerufen worden war. Sogar die Kühlprobleme hatten ihr Gutes: Aus dem zu einem einzigen Bauteil zusammengefaßten dreiteiligen Kühlergrill war der klassische Aston-Martin-Kühlergrill entstanden.

Das Cabriolet Aston-Martin DB2 stand nur einmal im Rampenlicht, nämlich am Anfang des Hitchcock-Films »Die Vögel«. Es stand vor allem im Schatten des Coupés, das den Ruf der Firma nach dem Krieg begründet hatte. Daß trotzdem rund 100 Cabriolets (gegen 300 Coupés) Abnehmer fanden, ist umso erstaunlicher, als diese offene Version fast 3000 Pfund kostete, d. h. genau doppelt soviel wie der unschlagbare Jaguar XK 120. Coupé oder Cabriolet waren jedenfalls strikte Zweisitzer, bei denen der Kofferraum nur Platz für ein Reserverad ließ. Aber dieser kleine, kompakte Aston-Martin war wahrscheinlich das gelungenste Modell der ersten Generation.

LINCOLN CAPRI

Der Capri Baujahr 1952 stellte einen völligen Bruch mit dem Vorgänger dar, der 1949 eingeführt, aber schon 1941 entworfen wurde.

Im Jahr 1950 war Lincoln immer noch ständiger Lieferant des Weißen Hauses, obwohl die wohlhabenden Amerikaner eher Cadillac oder Packard wählten. Da setzte Earle S. Mac Pherson, der gefürchtete Präsident von Lincoln, der Firma ein neues Ziel: Künftig würde Lincoln mit Olsdmobile rivalisieren. Das Ergebnis dieser Kursänderung war der Lincoln Capri, den die Firma 1952 herausbrachte.

Mit einem neuen kopfgesteuerten V 8 besaß der Capri Potenz und mit seiner ebenfalls neuen, »Mac Pherson« genannten Vorderradaufhängung (die, nebenbei bemerkt, bereits 1926 in Frankreich von Cottin-Desgouttes eingesetzt worden war) eine bessere Fahrstabilität. Seine straffe Linienführung führte einen Bruch mit der hamsterähnlichen Erscheinung des Vorgängers herbei.

1950 war Oldsmobile Sieger der Carrera Panamericana geworden, einem 3000 km langen Rennen auf ausgefahrenen Pisten durch ganz Mexiko, von einer Grenze zur anderen, in Höhenlagen zwischen 0 und 3000 Metern.

Dieses Rennen zu gewinnen war das Ziel, das sich die Firma Lincoln gesetzt hatte. Dazu wurde eine großangelegte Offensive gestartet, die einen Vorgeschmack vom Siegeszug der GT 40 gab, mit dem Ford ein Jahrzehnt später in Le Mans überraschte. Drei Jahre hintereinander (1952, 1953, 1954) holten sich die Capri den ersten Platz in der Kategorie Tourenwagen, was jedesmal Anlaß zu frenetischem Reklamerummel war, in dem die Sieger in der Gesamtwertung, »unbekannte« europäische Marken wie Mercedes, Lancia oder Ferrari, jedesmal vollkommen untergingen.

1952 erhielt der Lincoln Capri als erstes Modell der Marke den neuen V 8 mit hängenden Ventilen, mit dem später alle Modelle serienmäßig ausgestattet wurden. Ein Jahr später erreichte der Capri zum ersten Mal nach dem Duesenberg J wieder die Leistungsgrenze von 200 PS. Im Jahre 1954, als diese offene Version entstand, wurde die Leistung des V 8 vom Werk mit 225 PS und die Höchstgeschwindigkeit mit 170 km/h angegeben. Man beachte das originelle Konzept des durch einen waagerechten Wulst symmetrisch unterteilten Instrumentenbretts. 1956 trat der Capri seinen Platz an den Lincoln Première ab, der den Konkurrenzkampf mit dem direkten Rivalen Cadillac fortsetzte.

FACEL-VÉGA FVS

Anfang der 50er Jahre zeigte sich, daß die Franzosen keine Delahaye, Hotchkiss oder Talbot mehr wollten, sondern eine deutliche Vorliebe für Bentley, Ferrari oder Cadillac an den Tag legten.

1954 kam der Facel-Véga heraus, der von Bentley die Kühlerform, von Ferrari den Kühlergrill und von Cadillac das Konzept der aus den Stoßstangen herausragenden Auspuffrohre übernommen hatte. Ausländische Autos sind gefragt, bringen wir also ein französisches Modell heraus, das die Hauptmerkmale der beliebtesten Modelle in sich vereint, schien sich der Direktor von Facel zu sagen. Tatsächlich war der Stil des FV 1 so kosmopolitisch wie ein Cocktail in einer Botschaft.

Der neue Facel besaß die Eleganz eines italienischen Modells: Seit langem hatte es kein französisches Luxusauto mit so klaren Linien, ohne überflüssigen Zierrat, mehr gegeben.

Er besaß Leistung und Haltbarkeit eines amerikanischen Modells: Der Motor war der V 8 »Hemi« von Chrysler in der Version De Soto-Firedom mit 4,5 Litern und 180 PS.

Außerdem besaß er die Fertigungsqualität eines englischen Sportwagens der Spitzenklasse: Ein lederverkleidetes Cockpit mit Bodenteppich, getäfelt mit schön gemasertem edlen Nußbaum, wie der Rauchsalon eines Clubs in der City.

Schließlich zeigte die Innenausstattung mit ihren Anspielungen auf die Luftfahrt einen typisch italienischen Einfallsreichtum, der eines »Dream-Cars« von GM würdig gewesen wäre.

Das Cabriolet Facel-Véga FVS ist, wie der Bugatti Royale, eine Rarität. Im Entstehungsjahr 1955 wurden nur sieben Exemplare gebaut. Der Erfolg des Coupés und diverse Fabrikationsprobleme veranlaßten Jean Daninos, den damaligen Direktor von Facel, das Experiment abzubrechen. Die beiden Radio-Antennen im Heck (von denen eine der Dekoration dient) waren ein Kennzeichen der ersten Modelle.

BMW 507

Der BMW 507 sieht aus, als berühre er kaum den Boden, ein Eindruck, den er seiner für ein deutsches Auto der 50er Jahre ungewöhnlich grazilen und schwerelosen Linienführung verdankt.

Die Korpulenz eines Biertrinkers, immer dunkle Farben, Samtpolster, die unweigerlich Fasern auf der Kleidung hinterließen – die BMW's besaßen Anfang der 50er Jahre nichts, was dem amerikanischen Importeur gefallen hätte.

»Bauen Sie mir einen Sportwagen mit zwei Sitzplätzen, bunten Farben und Lederausstattung«, flehte er auf jeder seiner Reisen nach München.

Ende 1954 wurde ihm mitgeteilt: »Ihr Sportwagen ist fertig, reisen Sie an, um ihn zu besichtigen.« Man stellte ihm den Prototyp 503 vor.

Der Importeur, ein kleiner, drahtiger Mann, trat vor Ungeduld von einem Bein aufs andere: »Aber doch nicht so eins! Ich brauche einen Sportwagen für einen kalifornischen Studenten und nicht für einen Hamburger Geschäftsmann!« Worauf ihm gesagt wurde: »Dann machen sie ihn doch selbst, Ihren Sportwagen!« »Das werde ich auch tun!«, war die Antwort.

Nach New York zurückgekehrt, setzte er sich mit seinem Freund, dem Stilisten Albrecht Goertz, in Verbindung, und beide entwarfen das Auto, von dem sie träumten: Eine Mischung aus italienischer Eleganz und deutscher Qualität. Dann brachten beide die Karosserie zu BMW, wo sie ohne große Begeisterung dem Chassis 503 (das von der verhaßten Limousine 502 abgeleitet war) angepaßt wurde.

Der so entstandene BMW 507 wurde die Offenbarung der Ausstellung in Frankfurt 1955. Allerdings hatte BMW doch das letzte Wort gehabt. Bald wurde der amerikanische Importeur wieder vorstellig: Er versprach einen Absatzmarkt für 5000 Exemplare. Doch wurden während der folgenden drei Jahre nur 252 Versionen vom Typ 507 gebaut.

Das Cabriolet 507 besaß das gleiche Chassis wie die Limousine, nur hatte man den Radstand von 2,83 m auf 2,48 m verkürzt. Der 3,2-l-V8 leistete 150 PS bei 5000/min (gegen 120 PS bei 4800/min) mit einer Verdichtung von 7,8 : 1 (gegen 7,2 : 1) und zwei Zenith-Vergasern. Je nach Achsuntersetzung erreichte der 507 zwischen 190 und 220 km/h. Während der vier Produktionsjahre (1955-1959) wurden 252 Cabriolets gebaut, ein unbedeutender Anteil der Verkaufsrate aller Modelle der Baureihe. Erst als Sammlerobjekt machte das Cabriolet von sich reden.

LANCIA AURELIA B 24 S

Das »S« in Lancia B24 S steht nicht für Special, Super, Sport oder Supertief, sonder für »Sinistra«, d. h. Linkslenkung.

Der Spider Lancia Aurelia B24 tauchte 1955 auf, nur ein paar Monate nach dem Speedster Porsche 356, dem Cabriolet Alfa Romeo Giulietta und dem BMW 507. Das war kein Zufall. Max Hoffmann, Importeur dieser Marken für die USA, war für ihre Entstehung verantwortlich gewesen. Er hatte den phänomenalen Erfolg des XK 120 in Amerika miterlebt. 1954 machte er bei den Konstrukteuren die Runde, um sie von der Notwendigkeit zu überzeugen, ebenfalls Sportwagen für den amerikanischen Markt zu entwickeln. Jeder der Konstrukteure entwickelte darauf einen dem jeweiligen markentypischen Charakter entsprechenden »Klassiker« der 50er Jahre.

So beauftragte die Firma Lancia Pininfarina mit Entwurf und Herstellung einer offenen Version des legendären, vom gleichen Karossier eingekleideten Coupés Aurelia B20. Die Mechanik wurde nur den unausbleiblichen Modifikationen unterzogen, die der Einbau in eine niedrigere und kürzere Karosserie mit sich brachte.

Pininfarina, der sich gerade in seiner schöpferischen Phase befand, schuf ein Meisterwerk, bei dem eine Panorama-Windschutzscheibe mit einem klassischen Lancia-Kühlergrill harmonisierte. Allerdings kostete der Spider Aurelia in den USA bedeutend mehr als beispielsweise ein Cadillac Eldorado – dabei besaß er nicht einmal Seitenscheiben. Nur 240 Exemplare entstanden nach dem Original-Prototyp. 1956 versah Lancia das Modell mit einer herkömmlichen Windschutzscheibe und Kurbelfenstern, mit denen sich der Spider in ein Cabriolet verwandelte. Diese Variante, die wir hier vorstellen, fand bis 1959 in den USA 520 Abnehmer, machte aber vor allem in Europa Karriere.

Die ausgewogenen Linien des Aurelia können am besten im Profil gewürdigt werden. Die Aufteilung des Raumvolumens entsprach den Erfordernissen der Gewichtsverteilung: Der kompakte V6 befindet sich vorne, die Baugruppe Kupplung-Getriebe-Achsantrieb im Heck. Vorderradaufhängung und mittragender Aufbau waren bereits 1922 mit dem Lambda eingeführt worden. Dieser Komplex teurer technischer Lösungen wurde durch eine De Dion-Hinterachse ergänzt.

CADILLAC 62

1959 sah es aus, als huldigten alle Modelle von General Motors dem in den Ruhestand tretenden Harley Earl, der seit über 30 Jahren den Karosseriestil der amerikanischen Automobilindustrie bestimmt hatte, mit einem Feuerwerk aus Chrom und phantastischen Stilelementen.

Wenn man bedenkt, daß selbst der bescheidenste Chevrolet damals wie der Super-Car von Batman aussah, kann man sich die phantastischen Auswüchse der Cadillac besser vorstellen. Man hatte den Eindruck, als wären sie aus zwei den überzähligen Beständen der US Air Force entnommenen Flugzeugrümpfen zusammengebaut, bei denen die V8-Auspuffrohre in Reaktordüsen ähnlichen Heckelementen ausliefen. Jeder Rumpf war mit einer pfeilförmigen Heckflosse versehen, die am unteren Rand der Windschutzscheibe ansetzte und in einer stromlinienförmigen Heckleuchte endete. Die Front zierte ein durch eine Pseudo-Stoßstange unterteilter Zweistufen-Grill aus 80 übereinander liegenden Zierelementen, und auch im Heck konnte man einen Grill bewundern, der für sich alleine schon dem Vorjahresmodell zur Ehre gereicht hätte.

Mit Harley Earl verlor die amerikanische Automobilindustrie ihren Cecil B. De Mille, der den schlechten Geschmack zur Kunstrichtung erhoben hatte. Der GM-Konzern, ja ganz Amerika, waren danach nie mehr so wie früher.

Bereits im folgenden Jahr verkleinerten sich die Heckflossen unter der Leitung Bill Mitchells, des Nachfolgers Harley Earls, und die Chromteile nahmen gemäßigte Formen an, bevor sie endgültig verschwanden.

Nächste Doppelseite:
Rote Polster, verführerisch wie die Lippen einer Leinwandschönen. Der winzige runde Tourenzähler links und der unverhältnismäßig große Tacho sind fast die einzigen Bordinstrumente.

JAGUAR XK 150

Die ursprüngliche Erscheinung des XK 120 von 1948 ist zwar bei diesem XK 150 aus dem Jahre 1959 etwas fülliger geworden, ist aber immer noch unverkennbar.

Der Erfolg des XK 120 traf Jaguar völlig unvorbereitet. Aber es dauerte nicht lange, bis sich die Firma den Umständen anpaßte.

Ein komplette Baureihe entstand auf der Basis des Originalmodells mit seiner »Tiger-Moth«-Stromlinienkarosserie. 1953 erschien das Coupé und 1953 das Cabriolet. In dieser Form hatte Jaguar den XK 120 auch für andere Breiten als für das sonnige Kalifornien konzipiert. Der Gewichtsanstieg war die unausbleibliche Folge, weshalb die Firma einen Motor mit »Spezialzubehör« entwickelte, der die Leistung von 160 auf 180 PS erhöhte.

Das Erscheinen des XK 140 im Jahr 1955 bestätigte diesen Trend. Cabriolet und Coupé waren fortan »2+2«-Varianten. Massige Stoßstangen machten die Autos geeigneter für den Verkehr in New York oder Los Angeles. Ein Automatikgetriebe, das ab 1956 das mangelhafte Moss-Getriebe ersetzte, war eine weitere Konzession an die amerikanischen Käufer. Das Gewicht stieg weiter an, aber der Serienmotor leistete neuerdings 190 PS, 210 PS für die Variante mit Spezialzubehör.

Anfang 1957 belief sich die Gesamtproduktion des XK auf 20000 Exemplare, unter denen der ursprüngliche zweisitzige Sportroadster nur mehr mit einem geringen Anteil vertreten war. Mit dem XK SS, einer nur oberflächlich zivilisierten Version des »D«-Rennmodells, versuchte Jaguar eine Rückkehr zum kompromißlosen Sportwagen. Aber das Schicksal schien sich die Entscheidung vorzubehalten: Am 21. Februar zerstörte ein Brand die Werksgebäude in Coventry, der XK SS war in der Katastrophe untergegangen. Drei Monate später stellte Jaguar die letzte Entwicklungsphase des XK 120 vor, den hier gezeigten XK 150.

Die Originalkarosserie war überarbeitet worden, zeigte aber eine weniger extreme Linienführung und gemäßigtere Rundungen als der Prototyp. Der neue Jaguar war breiter und geräumiger, aber mit 1500 kg auch schwerer als sein Vorgänger. Den zweisitzigen Roadster gab es nicht mehr. Aus dem wendigen Sportwagen von 1948 war ein gesetzter GT geworden.

Für die Karosserie des XK 150 hatte man keine Bauteile der vorausgegangenen Modelle verwendet. Moderne und traditionelle Stilelemente waren bei diesem Entwurf mit einem Kunstverständnis verbunden worden, um das viele der heutigen Imitatoren schöner Karosserien die Schöpfer des XK 150 beneiden könnten. Die wesentliche Neuerung in punkto Mechanik war die Einführung von Dunlop-Scheibenbremsen. In der Basisversion entwickelte der 3,4-l-Sechszylinder mit zwei Vergasern 210 PS, aber es gab auch eine frisierte Version, die mit drei Vergasern 250 PS entwickelte. 1959 wurde der Hubraum auf 3,8 l vergrößert, womit die Leistung des Basismodells auf 220 PS und die des XK 150 S auf 265 PS anstieg. 1961 wurde dieser stärkere Motor fast unverändert in den Typ E eingebaut. Insgesamt belief sich die Produktion auf 9400 Exemplare, unter denen sich 2671 Cabriolets befanden.

FORD THUNDERBIRD

In seinen jungen Jahren war er wirklich zum Verlieben hübsch. Alle Amerikaner (aber auch Europäer) hatten den Thunderbird anfangs in ihr Herz geschlossen. Mit der Hülle eines Ford, der den Ferrari spielt, besaß der kleine Thunderbird eine Art treuherzigen Charme, dem man sich nur schwer entziehen konnte. Er hatte nur einen Fehler: Mit seinen zwei Sitzplätzen war er wirklich zu klein, weshalb sich viele seiner Verehrer mit dem bloßen Anschauen begnügten.

Deshalb brachte Ford 1958 einen viersitzigen Thunderbird heraus. Leider hatte der Neuling von 1955 beim Wachsen seine originelle Erscheinung und seine Anziehungskraft eingebüßt. Die Karosserie, die sich wie eine Pin-Up-Schönheit über eine Doppelseite im »Playboy« ausbreitete, zeigte vor allem erste Anzeichen beginnender Zellulitis. Aber die Legende, die in den ersten Jahren nach seinem Erscheinen um den Thunderbird entstanden war, blieb weiter bestehen, sodaß seine Nachfolger über Generationen von diesem Kapital zehren konnten, ohne es aufzubrauchen. Es besteht immer noch.

Als sich der Thunderbird 1958 vom Zweisitzer in einen Viersitzer verwandelte, kamen mit einer Verlängerung von 50 cm gleichzeitig 500 kg mehr auf die Waage, die größtenteils von einem neuen, 300 PS leistenden, an einen Cruise-O-Matic-Automaten gekoppelten V8 verkraftet wurden (damals waren die Namen genauso überschwenglich wie die Karosserien). Erstmals gab es vom Thunderbird eine Coupé- und Cabriolet-Version. In zehn Monaten fanden 38000 viersitzige Modelle Abnehmer (gegen 21400 Zweisitzer in 14 Monaten). Knapp 10% der Produktion waren Cabriolets. Die hier gezeigte Version 1959 glich dem Vorjahresmodell, hatte aber mit 67500 verkauften Exemplaren einen noch größeren Erfolg. Der Ford-Vorstand erkannte, daß seine Produktionspolitik richtig war und stellte den Bau des Zweisitzers ein.

MERCEDES-BENZ 300 SL

Der 300 SL war die Ausnahme, die mehrere, scheinbar unabänderliche Regeln bestätigte.

Erstes Paradox: Der 300 SL war das einzige Modell, dessen Tourenversion schneller war als der Rennwagen. Tatsächlich entwickelten die Serien 300 SL dank ihrer Direkteinspritzung höhere Leistungen als die Vergasermodelle, die in Le Mans oder in der Carrera Panamericana siegten.

Zweites Paradox: Der 300 SL ist das einzige Modell, dessen Coupé-Version heute bei den Sammlern gefragter ist als das Cabriolet – eine umso erstaunlichere Tatsache, als...

Drittes Paradox: Das Cabriolet dieses Typs ein insgesamt besseres Auto ist als das Coupé. Bekanntlich werden die Annehmlichkeiten des Cabriolets teuer erkauft: Dieser Fahrzeugtyp besitzt eine geringere Gesamtfestigkeit, ist wasserdurchlässiger und nicht so strömungsgünstig wie ein Coupé. Demnach ist es meist nicht so schnell, nicht so komfortabel und nicht so fahrstabil wie das Schwestermodell. Das Cabriolet 300 SL lief jedoch sicherer geradeaus als das Coupé: Seine hintere Eingelenk-Pendelachse mit tiefgelegtem Drehpunkt und Schubstreben sorgte für ein zuverlässigeres Fahrverhalten als das des Coupés.

Im Gegensatz zu den meisten Cabriolets war jenes von Mercedes, der 300 SL, wasserdichter als das Coupé, bei dessen senkrecht zu öffnenden, im Dach verankerten Flügeltüren der Regen dem Fahrer in den Nacken tropfte, sobald die Türabdichtung die ersten Alterserscheinungen zeigte.

Schließlich war das Cabriolet mit seinem geräumigeren und besser belüfteten Passagierraum komfortabler als das Coupé mit festsitzenden Fenstern.

300 SL = 3 Liter Sport Leicht: Das Rohrgestell des 300 SL wog weniger als 100 kg. Sein Motor war der Sechszylinder mit obenliegender Nockenwelle der gutbürgerlichen Limousine 300. Mit Direkteinspritzung und Trockensumpfschmierung konnte es der 300 SL mit den V12-Ferrari aufnehmen.

Das gleiche Kunststoff-Lenkrad mit Ringhupe war damals auch bei den Mercedes-Bussen zu sehen. Von 1957-1963 entstanden 1838 Cabriolets 300 SL.

JAGUAR TYP E

Wie bereits beim Mark V festgestellt, weist die Jaguar-Werkschronik unerklärliche Sprünge auf, obwohl der Übergang vom XK 150 zum Typ E weniger willkürlich war, als es auf den ersten Blick scheint. Der »E« war effektiv der direkte Nachfolger des »D«, Sieger in Le Mans. Es sei erwähnt, daß es keine Typen »A« oder »B« gegeben hat, sondern nur einen XK 120 »C« (C stand für Competition).

Besonders deutlich war die Verwandtschaft beim Cabriolet Typ E und dem XK SS, der Tourenversion des Typ D. Es handelte sich um das gleiche Auto, allerdings mit leicht verlängerter Front (damit der Motor nicht mehr wie beim XK SS die Beine des Copiloten versengte) und einer moderneren Einzelradaufhängung anstelle der hinteren Starrachse.

Die einheitliche Konzeption beider Modelle ist auch heute noch frappierend. Es gibt keine Spur von Kompromiß oder Persönlichkeitskonflikten. Der Typ E ist ohne Zweifel die Schöpfung ein und desselben Mannes: William Lyons, des unumschränkten Gebieters über Jaguar.

Mit dem im März 1961 eingeführten Typ E zog Jaguar nach zehnjähriger Rennerfahrung die Bilanz. Von der beim Typ C eingeführten Zahnstangenlenkung bis zur 1960 in Le Mans getesteten Hinterradaufhängung, über die beim Typ D erprobte, selbsttragende Karosserie oder die Scheibenbremsen, der Jaguar Typ E war das Endstadium der Entwicklungsphasen, die die Firma seit den Anfängen des XK 120 im Jahr 1950 in Le Mans durchlaufen hatte. Der Motor stammte vom X 150 S ab: Eine 3,8-l-Version mit drei Vergasern und 265 PS Leistung. Es war das letzte Glied einer langen Baureihe »mit Spezialzubehör«, bei der die Rennerfahrungen an die Serienmodelle weitergegeben wurden. Das Werk kündigte 240 km/h Höchstgeschwindigkeit an, die von den der Presse als Testwagen zur Verfügung gestellten Exemplaren auch gewissenhaft erreicht wurde. Die Käufer verzeichneten meist »nur« 225 km/h – eine noch ganz beachtliche Leistung.

Die vollkommene Symmetrie des Instrumentenbrettes vereinfachte die Herstellung der Modelle mit Rechts- oder Linkslenkung.

PORSCHE 356 B

Der Porsche 356 B ist leicht an seinen höheren und wuchtigeren Stoßstangen zu erkennen.

1930 verließ Ferdinand Porsche von Knall auf Fall die Firma Steyr. Da er bereits mit der gleichen Kompromißlosigkeit bei den größten Auto-Herstellern Deutschlands und Österreichs den Dienst quittiert hatte, blieb ihm nur der Ausweg, seine eigene Firma zu gründen.

Das geschah in Stuttgart, just in dem Moment, als in Deutschland die Wirtschaftskrise ausbrach. Das Forschungsbüro von Dr. h. c. Porsche blieb daher in der ersten Zeit gähnend leer. Sobald sich jedoch ein Kunde einstellte, täuschte jedermann nach einem wohl einstudierten Plan fieberhafte Geschäftigkeit vor. Aus dem gleichen Grund erhielt auch der erste Porsche, als wäre er nicht der erste, die schmeichelhaftere Bezeichnung »Typ 7«.

Dann verlängerte sich die Modelliste schnell mit den zahlreichen Prototypen die zum Volkswagen führten (Typ 60!), von dem sofort ein Hochleistungs-Coupé (Typ 64) abgeleitet wurde.

Der Krieg brachte für Porsche Mehrarbeit, die schwierigen Zeiten begannen jedoch nach Kriegsende. Da erschien der Retter in der Person Piero Dusios, Direktor der italienischen Firma Cisitalia, der Porsche mit den Forschungsarbeiten für einen Formel-1-Rennwagen beauftragte. Porsche unterbreitete Dusio ein höchst ehrgeiziges Projekt: Einen Zwölfzylinder-Boxermotor, zwei Kompressoren, Allradantrieb, 500 PS Leistung und 350 km/h Spitzengeschwindigkeit. Der Italiener war beeindruckt und sagte voller Begeisterung zu. Das Projekt brachte Porsche ein Vermögen und der Firma Cisitalia den Ruin.

Ferry (Ferdinand) Porsche, der die Nachfolge seines Vaters antrat, begnügte sich nicht mit der Rolle des Gehaltsempfängers. Er holte sich bei Cisitalia die Inspiration zum Bau eines Modells, das aus Porsche eine ernstzunehmende Firma machte.

Gummimatten und ein Instrumentenbrett aus lackiertem Blech geben dem Interieur des Porsche 356 B den typisch spartanischen, aber mit einem Hauch von Qualität gepaarten Charakter. Dieses Cabriolet ist ein Typ 1600 mit 60-PS-Motor, d. h. das Basismodell der Baureihe 1962. Im Modellkatalog gab es außerdem die Versionen 1600 S (75 PS), 1600 S 90 (90 PS), 1600 CS (110 PS) und 2000 GS (130 PS), die als Coupé, Cabriolet, festsitzendes Hardtop-Coupé oder als Sportroadster für den amerikanischen Markt eingekleidet wurden. Hinzu kam das Abarth-Coupé für die Versionen 1600 GS und 2000 GS. Dabei war 1962 ein Jahr wie jedes andere bei Porsche!

Ursprünglich sollte die selten gewordene Cabriolet-Version des Porsche 356 mit verkleideten Vorderrädern eingeführt werden.

Cisitalia hatte großen Erfolg mit dem Bau von Sport- und Rennwagen auf der Basis verbesserter Fiat-Elemente, die in einen Rohrrahmen eingebaut wurden. Porsche bediente sich des gleichen Rezeptes, wobei er Fiat durch Volkswagen ersetzte. In der Werkschronik war man bei Nummer 356 angelangt, und so wurde ein kleiner, offener, zweisitziger Sportwagen, der im Mai 1948 debütierte, unter dieser Typenbezeichnung eingeführt.

Dieser erste Prototyp 356 besaß einen Rohrrahmen vom Typ Cisitalia mit einer von Volkswagen gelieferten Motor-Getriebe-Einheit, die jedoch innerhalb der Achsen Platz finden sollte und daher in umgekehrter Reihenfolge eingebaut wurde.

Drei Monate später war das erste Coupé mit einer vom Vorkriegs-Typ 64 inspirierten Karosserie einsatzbereit. Man hatte dabei wieder auf den VW-Plattformrahmen zurückgegriffen, in dem der Motor im Heck eingebaut war und über die Hinterachse hinausragte.

Die Weiterentwicklung des Modells ist nicht leicht nachzuvollziehen: Der Weg, der einen Porsche 356 Baujahr 1949 (1,1 Liter, 40 PS) von einem Carrera 2 Baujahr 1956 (2 Liter, 130 PS) trennt, gleicht mit seinen zahlreichen Kreuzungen und Sackgassen bald einem Labyrinth.

Allerdings gibt es auch hier klare Anhaltspunkte: Ein neues Getriebe (mit der famosen Porsche-Synchronisierung im Jahr 1952; ein neues Kurbelgehäuse (mit dem der Hubraum auf 1,6, später auf 2 Liter vergrößert werden konnte) im Jahr 1954; die Hirth-Kurbelwelle mit Rollenlagern (die den Ruf hatte, sich noch unter 2500/min selbst zu zerstören); den Speedster von 1954-1958 (den Exzentriker der Familie); den von 1955 bis 1959 gebauten 1500 GS Carrera mit zwei obenliegenden Nockenwellen (100-110 PS bei 6200-6400/min); den 356 A von 1955, den 356 B 1959, den 356 C 1963. Genie ist bei Porsche eine Frage der Geduld.

Die Einführung des 911 im Jahr 1963 machte der Laufbahn des Typ 356 kein Ende. Er wurde – mit diversen Modifikationen – bis 1965 im Modellkatalog weitergeführt. Insgesamt waren 76 302 Exemplare dieses Typs entstanden.

Die Cabrio-Version 356 B Baujahr 1961 besaß einen zweiteiligen Lufteinlaß im Heck. Die durch die Stoßstangenhörner führenden Auspuffrohre waren eine Konzession an den amerikanischen Geschmack. Die Zahl 60 hinter dem Namenszug steht für den 60-PS-Motor »Normal«.

ALFA ROMEO GIULIA 1600

Der Spider 1600 ist an seiner Typenkennzahl im Heck erkennbar, aber er unterscheidet sich auch durch den künstlichen Lufteinlaß auf der Haube vom Spider 1300.

Alle Freunde der Marke Alfa sehen das Modell Giulietta mit den Augen Romeos. Ursprünglich war es eine attraktive kleine zweitürige Limousine, die 1955 auf dem Salon in Turin vorgestellt, aber sehr bald von zwei brillanteren Schwestern ausgestochen wurde: Dem Ende 1954 in einer Vorpremiere vorgestellten Bertone-Coupé »Sprint« und dem von Pininfarina eingekleideten Spider, der einige Monate später erschien.

Wir werden nicht so unhöflich sein, an der Fähigkeit Pininfarinas zu zweifeln, das hier gezeigte Meisterwerk allein und ohne fremde Hilfe erschaffen zu haben. Es hat allerdings den Anschein, als habe Max Hoffmann, Importeur der Marke für New York, vom Karossier einige entscheidende Retuschen am Originalentwurf verlangt, nach denen der Spider aussah (wie bereits der BMW 507), als schwebe er über dem Boden.

Wie dem auch sei, dieser Pininfarina-Spider 1300 machte die glänzende Karriere fehlerfrei konzipierter und gelungen eingekleideter Modelle. Von 1955 bis 1961 entstanden 14000 Exemplare des Typs 1300. Mehr als 10000 wurden zwischen 1962 und 1965 in der Version 1600 gebaut, die wir hier vorstellen.

Die kleine Limousine Giulietta wurde 1962 als Spider eingekleidet und Giulia getauft. Der Pininfarina-Spider wie auch das Bertone-Coupé behielten ihre Karosserien unverändert bis 1965. Der Appetit auf den Spider schien unersättlich, sodaß den Anhängern der Marke ein neues Modell quasi aufgezwungen werden mußte, um das alte in Vergessenheit geraten zu lassen.

An dieser Stelle sei kurz erwähnt, daß mit dem englischen Wort »spider« zu Zeiten Königin Victorias ein leichter Pferdewagen gemeint war, der mit seinen großen Rädern einen etwas wackeligen Eindruck machte und an eine hochbeinige Spinne erinnerte, weshalb er im Volksmund auch bald so genannt wurde. Es war einer der treffenden Namen, die sich auch auf dem Kontinent einbürgerten und dort heute noch verwendet werden, während sie im Ursprungsland längst aus der Mode gekommen sind.

Unter der ansprechenden Hülle des Pininfarina-Spiders befindet sich ein prachtvoller Vierzylinder aus Leichtmetall mit zwei obenliegenden Nockenwellen. In der Version 1300 (74 x 75 mm) leistete er in der Serienlimousine 56 PS, wurde aber für die Spider und die Coupés Sprint sofort auf 80 PS frisiert. In der Version 1600 leistete er 92 PS und 112 PS im letzten Entwicklungsstadium 1600 Veloce, der den späteren Spider Duetto antrieb.

CORVETTE STINGRAY

Die Geschichte der Corvette gleicht dem Abschluß einer Mehrstufenrakete.

Die erste Stufe zündete etwas mühsam im Jahr 1953, und die 3265 im folgenden Jahr verkauften Corvette blieben weit hinter dem ursprünglich angestrebten Ziel von 10000 Exemplaren pro Jahr zurück. 1955 sank die Zahl auf 700, womit die Laufbahn der Corvette endgültig beendet schien. Dann erschien der Ford Thunderbird auf der Bildfläche, und damit wurde der Erfolg der Corvette für General Motors eine Prestigefrage.

Die zweite Stufe zündete 1956, als Zora Arkus Duntov, der mit Recht Vater der Corvette genannt wird, in Erscheinung trat. Der neue Chevrolet-V8 nahm endgültig den Platz des veralteten Sechszylinders ein, der 1929 entwickelt worden war. Damit begann der eigentliche Höhenflug des Sportwagens von GM. 1960 übertraf die Corvette das anfänglich gesetzte Ziel von 10000 Exemplaren jährlich.

Die dritte Stufe zündete mit Glanz im Jahr 1963, als der sensationelle Sting Ray eingeführt wurde. Diesmal erreichte die Rakete namens Corvette endgültig ihre Umlaufbahn und mit ihr wurde eine Legende ins Leben gerufen.

Die Karosserie war eine Kreation Bill Mitchells, den

Alle Corvette waren zuerst Cabriolets. Die Coupés tauchten erst 1963 mit dem Sting Ray auf. Die Cabriolets wurden 1975 aus der Produktion genommen, als in den USA eine regelrechte Hexenjagd auf die offenen Versionen einsetzte. Die neue Corvette Baujahr 1984 mußte sich mit einem abnehmbaren Verdeck begnügen. Der bei den Versionen 1968 verschwundene Typenname Sting Ray zierte ein Jahr später wieder die Flanken, wurde dann aber zusammen geschrieben.

Stingray
Radial T/A
BFGoodrich

Das 1963 eingeführte Basismodell des Sting Ray war seit dem Cord 810 das erste amerikanische Serienauto mit versenkbaren Scheinwerfern. Dieses Ausstattungsdetail wurde danach bei allen Modellen der Corvette-Baureihe zur Tradition.

Harley Earl als seinen Nachfolger eingesetzt hatte. Sie zeichnete sich durch eine stark betonte Gürtellinie aus, die sich bis zu den äußersten Enden in Front und Heck hinzog und die Kotflügel zu einfachen Wölbungen über den vier Rädern reduzierte. Damit hatte Mitchell einen originellen und wirkungsvollen Effekt erzielt. Das Coupé wurde mit seinem im Heck spitz zulaufenden Cockpit und der geteilten Heckscheibe zum legendären Modell. Die Verkaufsziffern überstiegen bereits im Erscheinungsjahr 20000 Exemplare.

Die Zündung der vierten Raketenstufe fand 1968 statt, allerdings mit weniger Glanz und Glorie. Krankheit hatte Zora Arkus Duntov daran gehindert, sich um die letzte Mutation seiner Schöpfung persönlich zu kümmern. Bisher hatte die Corvette – eifersüchtig vom »Vater« überwacht – eine Existenz am Rande der Serien-Baureihen geführt. Die Gelegenheit war günstig, um den Außenseiter in das normale Chevrolet-Produktionsprogramm einzugliedern. Dabei tauchten Probleme auf, die sogar die Käufer nicht unberührt ließen. Man hatte unter anderem den Fehler begangen, den seit 1963 untrennbar mit der Corvette verbundenen Namen Sting Ray zu streichen. Schon im folgenden Jahr besann man sich eines besseren. Chevrolet gründete eine Spezialabteilung unter der Leitung Duntovs, die sich ausschließlich der Fabrikation der Corvette widmete. Der Name Sting Ray nahm seinen angestammten Platz wieder ein, schrieb sich aber von nun an in einem Wort: Stingray.

Die Version 1968 brach mit 40000 Exemplaren jährlich alle Verkaufsrekorde und stellte gleichzeitig einen neuen Rekord der Produktionsdauer auf. Ihr größter Trumpf war die bemerkenswerte Karosserie, mit der der neue Stingray eine wahrhaft würdige Nachfolge angetreten hatte, ohne den Vorgänger zu kopieren oder dem Originalkonzept untreu zu werden.

Die neue Version war eine Ableitung des 1966 entwickelten Mako Shark II, den der Stilist David Holls unter der Leitung Bill Mitchells entworfen hatte. Seltsamerweise tauchte zum gleichen Zeitpunkt der Opel GT, ein anderes GM-Modell, mit der gleichen Karosserie auf – allerdings in verkleinertem Maßstab.

Erst 1984 erschien eine neue Generation der Corvette, deren größtes Problem darin bestand, den Platz der Vorgänger einzunehmen.

Für die Corvette standen 1969 zwei V8 zur Wahl, der »kleine Block« mit 5,7 Litern, und der »große Block« mit 7 Litern Hubraum.

MASERATI GHIBLI

Der Ghibli war das Musterbeispiel eines Maserati nach dem Konzept Giugiaros.

Ende des Jahres 1965 verließ Giorgio Giugiaro nach sechsjähriger Tätigkeit die Carozzeria Bertone. Er war 27 Jahre alt und befand sich auf dem Höhepunkt seines Talents. Die Firma Ghia bot ihm an, das Stilbüro zu leiten. Giugiaro nahm an und wollte diese neue Etappe seiner Karriere mit einem beispielhaften Modell beginnen.

1946 hatte mit dem Cisitalia die Pininfarina-Ära begonnen. 1966 leitete der Maserati Ghibli für die gesamte Automobilindustrie die Giugiaro Ära ein. Im Abstand von zwanzig Jahren waren zwei Meisterwerke von gleichem Wert entstanden, deren Erscheinung die wesentlichen Stilkriterien im Karosseriebau auf kühne und neuartige Weise zum Ausdruck brachten.

Beide waren Berlinettas, geschlossene Sport-Zweisitzer, eine typisch italienische Karosserieform, auf die die transalpinen Karosseriebauer instinktiv immer dann zurückgriffen, wenn es galt, Grundlagen für einen neuen Klassizismus zu schaffen.

Giorgio Giugiaro hatte eines Tages gestanden: »Ohne das Bedürfnis, Neues zu schaffen, hätte ich wahrscheinlich andauernd Varianten vom Ghibli gebaut.« Der größte Karosseriekünstler unserer Epoche irrt sich nicht, wenn es um sein Meisterwerk geht.

Aber der Ghibli war auch ein Maserati, daß heißt im Jahr 1966 eine Art italienischer Aston-Martin. Sein 4,7-l-V8 gab seine 330 PS bei 5000/min mit der unaufdringlichen Bereitwilligkeit eines zuverlässigen Freundes ab. Seine hintere Starrachse mit Blattfedern sorgte eher für boulevardmäßiges Fahren als für sportliche Qualitäten. So hatte es aber sein Schöpfer, Ingenieur Giulio Alfieri, gewollt.

Von 1969 bis 1972 wurden 125 Cabriolets Ghibli gebaut. Wahrscheinlich paßt der offene Karosserietyp besser zum Charakter des Ghibli als zu dem des Ferrari Daytona. Die Maserati haben nicht das feurige Temperament der Ferrari. Auch das automatische Getriebe des hier gezeigten Modells entspricht dem Konzept dieses italienischen Aston-Martin.

DMS
2

FERRARI 365 GTS/4

Der Spider Daytona war, wie die Berlinetta, der Abschied von einem Konstruktionsprinzip. Mit dem Spider hatte man eine Grenze im Cabriostil erreicht. Mit offenem Cockpit schien der Bolide aus Maranello etwas verloren zu haben, wie ein Überschallflugzeug, das sein Kabinendach abgeworfen hat.

Die Berlinetta 365 GTB/4 wurde 1968 auf der Ausstellung in Paris als langerwartete Antwort Ferraris auf den Lamborghini Miura mit Mittelmotor präsentiert. Aber auch diesmal nahm die Firma aus Maranello nicht wirklich den Kampf um die technische Avantgarde auf. Es sah aus, als fürchte sie, mit einer echten Offensive den Gegner als seinesgleichen anzuerkennen.

Der 365 GTB/4 war immer noch ein Sportwagen mit Frontmotor, der in direkter Linie vom 275 GTB/4 abstammte und einen von 3,3 auf 4,4 Liter vergrößerten Motor besaß. Nur die Karosserie war eine echte Neuschöpfung: Leonardo Fioravanti, Stilist bei Pininfarina, hatte die Karosserie der Ferrari-Sportberlinetta noch konsequenter entworfen und ihr das wuchtig-bedrohliche Äußere einer Kampfwaffe verliehen.

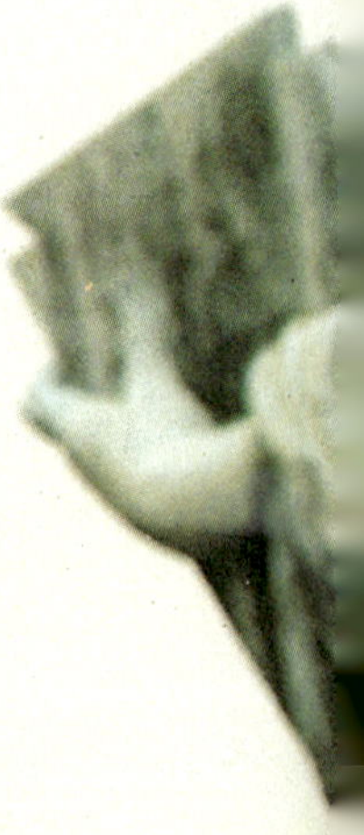

Vom 1969 in Frankfurt vorgestellten Daytona wurden 121 Exemplare gebaut. Er war, wie die Berlinetta, eine Art Lebewohl an den traditionellen Ferrari mit Frontmotor.

628 L 712

CITROËN SM

Das Instrumentenbrett des SM ist genauso ungewöhnlich wie seine Karosserie.

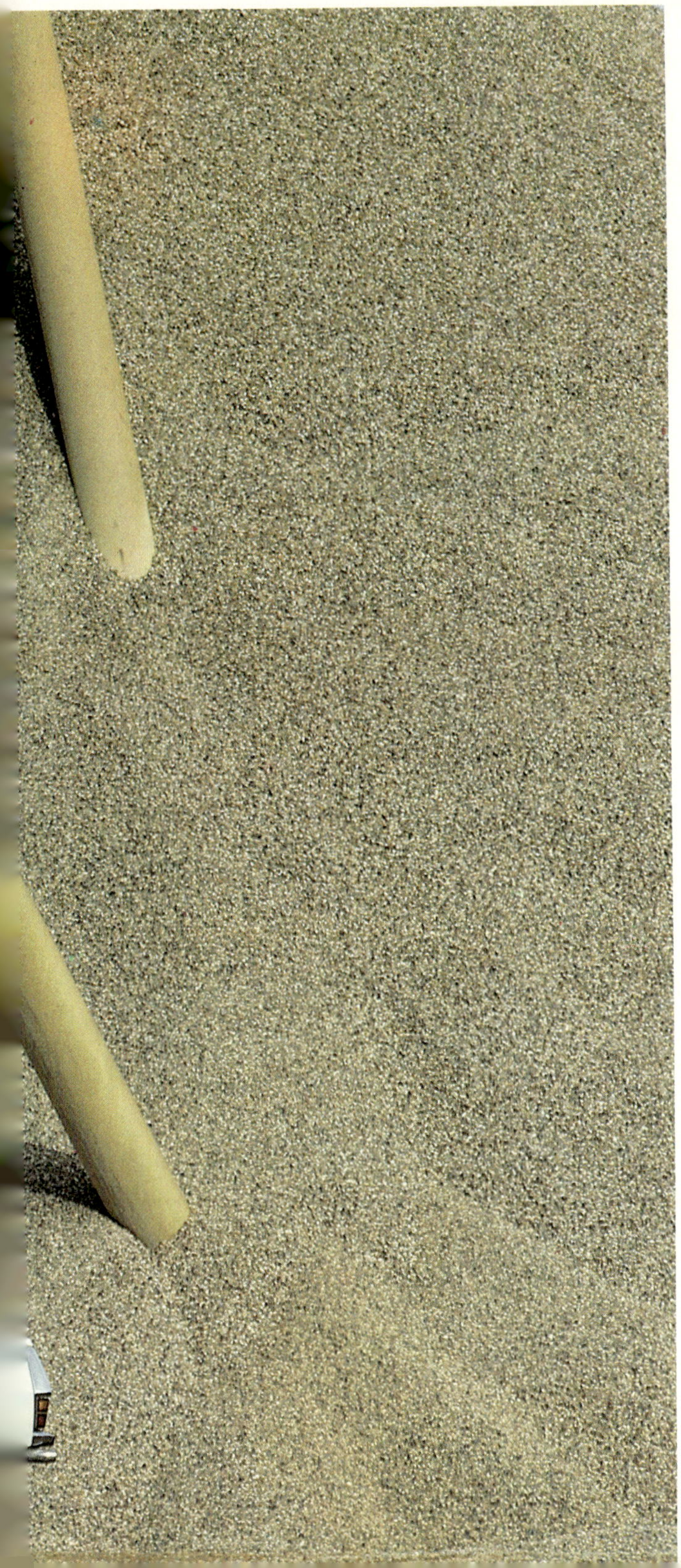

Er war auf der Titelseite der Abendzeitung »France-Soir« zu sehen gewesen, und sogar die seriöse »Monde« hatte sein Foto veröffentlicht, denn es war selten geworden, daß ein französischer Konstrukteur ein Hochleistungsmodell herausbrachte.

Zwei Jahre zuvor hatte Citroën den Brüdern Orsi die Maserati-Aktien abgekauft. Bald darauf kursierten seltsame Gerüchte über zweitürige Citroën-DS, die die andere Citroën DS-Fahrer auf den neuen Autobahnabschnitten um Paris anscheinend mühelos überholten. Diskret mit einer Plane verdeckte Fahrgestelle wurden durch das Werk am Pariser Quai de Javel gerollt. Schließlich fanden die Journalisten eines schönen Märztages des Jahres 1970 in ihren Briefkästen das Foto des Citroën-Maserati.

Endlich hatte Frankreich seinen Autobahn-Kreuzer. Der Vollständigkeit halber sei hier erwähnt, daß der neue Citroën SM die gerade fertiggestellte Pariser Südautobahn Paris–Marseille und zurück mit 200 km/h im Schnitt einweihte. Es war allgemein üblich, die Modelle, die Citroën herausbrachte, widerspruchslos zu akzeptieren. Man war der Meinung, daß die Ingenieure besser wußten, was die Kunden wollten, als diese selbst und stellte lediglich fest, daß der SM eine stark ausgeprägte Persönlichkeit besaß.

Da gab es zuerst den im Leerlauf merkwürdig holprigen V6 im 90°-Winkel, der eigentlich ein um zwei Zylinder amputierter Maserati-V8 war. Er verschwand nur zur Hälfte unter dem Frontblech, sodaß unter der kolossalen Haube gähnende Leere herrschte, die aber nicht vom Reserverad ausgefüllt wurde. Das nahm im Kofferraum den Platz weg. Die erstaunlichen Breitbandscheinwerfer kamen als erste mit hochgeschleudertem Schotter in Berührung. Das Heck endete – wie als letzter Ausweg – in einem Wirrwar scharf abgeschnittener Linien.

Trotzdem fand der Citroën SM in drei Jahren 12856 Käufer (zehnmal soviel wie der Maserati Ghibli), weil dem Fahrer hinter dem Lenkrad dieses Boliden plötzlich die Bedeutung des Ausdrucks »die Entfernung überwinden« aufging. Die Sicherheitslenkung hielt den SM auf Kurs wie ein funkgesteuertes Geschoß. Mit seiner aerodynamisch günstigen Karosserie und seinem V6 wurde Frankreich für diesen Citroën sozusagen zum Vorort von Paris.

Der SM war ursprünglich als »geschlossenes System« konzipiert worden, das jede Variante ausschloß. Nur Chapron hatte versucht, auf dieser Basis ein Cabriolet zu bauen, das 1971 auf der Ausstellung in Paris vorgeführt wurde, aber nur acht Abnehmer fand.

ROLLS-ROYCE CORNICHE

Das Interieur des Rolls-Royce Cornichel: Eine Synthese aus gemasertem Nußbaum und Conolly-Leder.

Ein gewöhnliches Huhn hätte 1971 fast den Untergang der berühmtesten Firma der Welt herbeigeführt.

Die Firma Rolls-Royce hatte ihre gesamten Mittel in die Forschungsarbeiten am neuen Düsentriebwerk RB 211 investiert, das dank der Turbinenschaufeln aus Kohlefaser, einer revolutionären Neuerung, alle Konkurrenten hinter sich ließ. Nur noch ein letzter Test war nötig: Das Triebwerk mußte beweisen, daß ihm sogar ein verirrtes Federvieh nichts anhaben konnte. Unausdenkbar, daß ein simples Stück Geflügel ein Flugzeug mit 250 Passagieren zu Boden zwingen konnte.

Der mit Höchstdrehzahlen rotierende Verdichterteil schleuderte das im nächsten Supermarkt erstandene Huhn in die Turbine. Mit einem unheimlichen Geräusch zerbrachen deren Schaufelblätter wie splitterndes Glas, und mit ihnen die Hoffnung der Firma. Alle »Spirits of Extasy« hüllten sich in Trauer und die Kühlergrills in Form griechischer Tempel erbebten in ihren Grundfesten. Rolls-Royce mußte Konkurs anmelden.

Aber so weit ließ man es nicht kommen. Das Unternehmen wurde neu organisiert. Die Automobilabteilung arbeitete künftig getrennt und unabhängig von den übrigen Industriezweigen. So blieben der Name und das Image der eigentlichen Gründermarke unangetastet.

Von nun an zog etwas mehr Sinn für die wirtschaftliche Seite des Automobil-Unternehmens ein, eine Gepflogenheit, die seit dem ersten Weltkrieg etwas in Vergessenheit geraten war.

Bald mußten die Preise drastisch erhöht werden. Die anti-inflationistischen Maßnahmen der britischen Regierung setzten dem Verkauf bereits existierender Modelle enge Grenzen. Man holte daher bei Rolls-Royce ein altes, seit Jahren aufgegebenes Projekt hervor: Das Coupé »Camargue«. Es konnte so auf legale Weise zum teuersten Auto der Welt werden.

Das Cabriolet Corniche wurde im März 1971 in Genf zu einem Zeitpunkt eingeführt, an dem die Existenz der Firma bedroht schien. Der Rolls verdankt seinen Namen der »Corniche«, einer kurvenreichen Uferstraße an der Steilküste zwischen Nizza und Monte-Carlo. Die Hauptmerkmale der Limousine Silver Shadow waren auch hier vorhanden, aber dank der neu entworfenen hinteren Kotflügel wirkte der Corniche eleganter als der Silver Shadow.

HHX 855W

ASTON-MARTIN VOLANTE

Mit dem 1978 eingeführten Cabriolet Aston-Martin-V8 verbuchte die Firma am Ende des Jahres den ersten Gewinn seit ihrer Gründung.

1978 geschah etwas in der Aston-Martin-Firmengeschichte, das noch nie dagewesen war. Zum ersten Mal arbeitete die Firma nicht mehr mit Verlust. Seit sich Lionel Martin 1914 beim Bergrennen in Aston Hill ausgezeichnet hatte, war dergleichen in Newport Pagnell nicht mehr geschehen. Seit über 60 Jahren schien es die Firma sozusagen als Ehrensache anzusehen, ihre zahlreichen Wohltäter mit Unrentabilität zu enttäuschen.

Wie man sich vorstellen kann, war derjenige, der eine solch ehrwürdige Tradition über den Haufen warf, kein Engländer, sondern ein Amerikaner. Er nannte sich Sprague. Trotz seiner Anfänge als Fotograf huldigte dieser Milliardär der Kunst nicht nur um der Kunst willen.

Innerhalb weniger Jahre stieg der Preis der Aston-Martin um das Doppelte. Daraus ergab sich für die Firma der Vorteil, daß die Käufer endlich einmal für ein Auto mehr als der Hersteller bezahlten.

Seit der Glanzzeit der Jaguar DB2 und XK 120 kostete ein Aston-Martin immer doppelt soviel wie ein Modell aus Coventry. Dabei waren beide Exemplare – zumindest für einen mit den Feinheiten weniger vertrauten Beobachter – ziemlich gleichwertig. Neuerdings kostete ein Aston-Martin viermal soviel wie der Rivale, und damit wurde auch der Vergleich mit Jaguar sinnlos. Ein Aston-Martin hörte auf, ein schlichtes Automobil zu sein und wurde zum zeitlosen Luxusobjekt. Tatsächlich änderten sich die A-M in den folgenden Jahren nur wenig. Die wichtigste Modifikation bestand 1986 in der Rückkehr zur Benzin-Einspritzung, die seit 1973 aufgegeben worden war.

Die Einführung des Cabriolet »Volante« im Jahr 1978 trug einen großen Teil zum finanziellen Gleichgewicht der Firma bei. In zehn Jahren waren etwa 700 Cabrio-Versionen gebaut worden – gegenüber 2200 Coupés. Seit 1986 bietet Aston-Martin die leistungsstärkere Variante »Vantage« mit beiden Karosserietypen an.

Die Anfang 1975 entlassene Belegschaft von Aston-Martin wurde aber von Rolls-Royce wieder eingestellt. Ein Blick auf das Interieur des Cabriolets genügt, um den Grund zu verstehen.

PORSCHE 911 CARRERA

Die Anhänger des Porsche 928 hatten Grund zur Hoffnung: Ernst Fuhrmann, an der Spitze der Firma, hatte versprochen, künftig ihrem Lieblingsmodell alle Aufmerksamkeit zu widmen. Dabei wollte man sich als erstes vom ausschließlichen Kult des 911 lossagen.

Ein Detail bei den Fahrgestellnummern wirkte besonders vielversprechend: Eine mysteriöse Nachsilbe schien nach dem vom Porsche etablierten Schlüssel der Beweis, daß bald ein Cabriolet vom Typ 928 herausgebracht würde.

Leider hofften die Bewunderer des Porsche 928 vergebens: Anfang 1981 wurde Ernst Fuhrmann durch Peter Schutz ersetzt. Die vielversprechende Nachsilbe verschwand noch im gleichen Jahr, und Anfang 1982 stellte Porsche auf der Ausstellung in Genf ein neues Cabriolet vor, jedoch nicht das von den Anhängern des 928 erwartete Modell. Der 911 hatte wieder einmal gewonnen!

Peter Schutz kannte den für die Firma Porsche lebenswichtigen amerikanischen Markt gut. Er wußte, daß Porsche ohne den 911 für die amerikanischen Kunden nicht mehr Porsche sein würde. So befand sich das Unternehmen in der Lage Conan Doyles, der seinen Lesern zuliebe Sherlock Holmes wieder ins Leben rufen mußte, nachdem er ihn zuvor ins Jenseits befördert hatte.

Es handelte sich dabei nicht nur um einen Epilog. Achtzehn Monate später wurde das gleiche Cabriolet mit einem auf 3,3 l vergrößerten Hubraum und 230 PS Leistung unter dem Namen »Carrera« in Frankfurt ausgestellt. Gleichzeitig feierte der 911 mit Glanz sein zwanzigjähriges Jubiläum. Im September 1963 hatte nämlich – ebenfalls in Frankfurt – ein neuer Porsche debütiert, der sich damals noch 901 nannte und bald danach, auf Einspruch der Firma Peugeot, 911 getauft wurde. Damals betrachteten ihn die kompromißlosen Anhänger der Marke mit Mißtrauen, denn es war für sie rätselhaft, wie ein Neuankömmling die Nachfolge eines Modells wie des zur Instutition erhobenen Porsche 356 antreten sollte.

Auf der Ausstellung in Frankfurt im September 1983 wurde das Cabriolet 911 unter dem Namen Carrera vorgestellt, den mit Ausnahme des Turbo alle Modelle der Baureihe erhielten. Der Hubraum war zu diesem Anlaß auf 3,2 Liter vergrößert worden, die Leistung betrug 230 PS.

Das Cabriolet wartete mit den gleichen Fahrleistungen auf wie das Coupé: Es war 245 km/h schnell, beschleunigte in 6,2 sec von 0 auf 100 km/h und in 15,1 sec von 0 auf 160 km/h.

FERRARI MONDIAL

Das Cabriolet war bei Ferrari nie so richtig heimisch geworden. Sogar in den 50er Jahren, als für die offenen Versionen Hochkonjunktur herrschte, spielte dieser Fahrzeugtyp im Produktionsprogramm von Maranello weiter eine Nebenrolle, was bei Jaguar oder Porsche beispielsweise nicht der Fall war. Ein Cabriolet bewahrt immer seinen Freizeit-Charakter, der mit dem eines Ferrari, der immer ein Messer zwischen den Zähnen zu haben scheint, unvereinbar ist.

Ein Ferrari trägt eigentlich nur als windschlüpfig profilierte Sport-Berlinetta die passende Hülle. Der 365 GTS/4 (auf den Seiten 112-113) ist ein Beweis dieser Theorie.

Dem Cabriolet Mondial wurde die Aufgabe zugewiesen, die Ferrari-Anhänger mit dem Basismodell zu versöhnen, das anfangs nicht gerade begeistert empfangen worden war. Es stimmt, daß es seiner Erscheinung – für einen Ferrari zumindest – an Charakter fehlte. Der Mondial besaß den gleichen Motor wie der 308 GTB, wog aber 200 kg mehr. Das 1984 in Brüssel vorgestellte Cabriolet Mondial mit seinem V8 mit 32 Ventilen verlieh dem Modell eine neue Dimension.

Das Cabriolet Mondial ist daher eher ein Ferrari für Familienväter, die ihren Nachwuchs schon im Kindesalter auf die Harmonien des quer eingebauten V8-Heckmotor einstimmen wollen.

Das Ferrari-Cabriolet Mondial Quattrovalvole wurde im Januar 1984 in Brüssel eingeführt. Es sollte die Anhänger der Marke mit dem Basis-Mondial versöhnen. Der V8 mit vier Ventilen pro Zylinder leistete 240 PS.